1分 minute 1日1分

読むだけで身につく

定年前後の働き方大全

社会保険労務士 **佐佐木由美子**

自由国民社

人生後半、幸せに生きていくための
働き方を考えよう

「定年」なんて遠い先の話と思っていたのに、気づけばそろそろ身の振り方について考える年になってきた。でも、どうしたらいいのだろう……?

もしかしたら、あなたもそんな風に思っていませんか。

かつて定年は、わかりやすいキャリアのゴールでした。
定年まできっちりと働き、多少の貯えと住まいがあれば、引退しても退職金や年金でそれなりの暮らしはできるものと思われていました。

ところが、今はそうとも言えません。
年金の受給開始年齢が65歳に引き上げられたことで、定年後も年金をもらい始めるまでは働くことがもはや「普通」になっているのです。
現在の法律[*1]では、65歳から70歳まで就業機会を確保することは企業の努力義務になっています。70歳どころか、それ以上長く働く人がこれから増えていくでしょう。

厚生労働省の発表によれば、2022年における平均寿命は男性81.05歳、女性87.09歳。60歳で定年退職しても、その後の人生が平均20～30年も続くとなれば、余生などとは言えません。

本来、長生きできることは喜ばしいことです。
にもかかわらず、不安を感じている人が多いのは、長期化する人生に対してお金が足りなくなってしまうことへの恐れがあるからにほかなりません。

こうした時代に、お金の知性を高めて実際に行動していくのは、とても大切なことです。
それと同時に、人生後半は細く長く自分のペースで働き、お金を生み出していく力をつけることがますます大事になっていきます。

そうしたときに、私たちが考えなければならないのは、「いつまで、どのように働くのか」ということです。

　定年を60歳とする企業割合は、定年制のある会社のうち72.3％[*2]と、今のところ多数派を占めています。ちなみに、国家公務員については2023年4月に法律[*3]が施行され、現在の61歳から2031年までに65歳へと段階的に定年年齢が引き上げられることが決まっています。

　今の会社で運よく定年まで勤め上げたとしても、それ以降どうするか、一人ひとりが選択していかなければなりません。

　定年を機に、会社から「これからはキャリアを個別に決めてください」と言われても、選択するのは容易ではありません。というのも、主体的なキャリア形成をする機会がほとんどないまま、会社に命じられるとおり忠実に働いてきた人が多いからです。

　自分が「こうしたい」と希望しても、会社には人事権がありますから、なかなか思い通りにいかないものです。組織から求められる役割をこなし、真面目にキャリアを積んできた方たち、特に男性は長く同じ会社に勤めてきた方も少なくないでしょう。

　働き方についても同じです。そもそも多くのビジネスパーソンにとって、（育児・介護等と仕事の両立に向き合ってきた方を除き）これまでは会社（仕事）ありきで、生活が成り立っていたはずです。

　今でこそリモートワークができるようにもなってきましたが、ちょっと前まで毎朝通勤ラッシュにもまれて出社し、同じ時間に同じ所でメンバーと働くことは、ごく自然な光景でした。残業も当然のように期待され、転勤も辞令があればいとわない。社員として働く以上、これらは既定路線として受け止められていました。住む場所も会社に通勤しやすいところを選んでいた人は多いのではないでしょうか。

これだけ時代が変わってきているのですから、多様な働き方が認められてよいはずです。ライフステージによって大事にしたい価値観は変わっていきますし、定年前後にもなれば、若い頃と比べて体力や健康の衰えにも見舞われるものです。

　もっと自分を中心に、働き方を選択してよいのではないでしょうか。なかには生涯現役を目指す人もいれば、プチ引退して好きなことを中心に生活したいという人もいるでしょう。答えは一人ひとり違っています。

　これまで、十分に働いてきたのです。

　定年まで漠然と今の働き方を続けるのではなく、人生後半に向けて、あなた自身が幸せに生きていくための働き方を考えていきませんか。

　いつ、どこで、誰とどのように働きたいか、住む場所、パラレルワークや雇用以外の選択肢なども含め、まずは理想とする働き方・生き方を自由に想像してみてください。自分には今の働き方以外に選択肢はないと、最初から諦めるのはもったいないことです。

　これからの生活に漠然とした不安を抱いている人は多いかもしれませんが、大きく定年前、定年直前、定年後の3つを時系列に、知っておくべきことを整理できると安心できます。

　その中でも大切なのは、次の2つ。

　1つ目が、お金に関わる年金・保険のしくみを理解すること。

　2つ目が、働き方をどうするか多様な選択肢から考えること。

　本書は、これらの知識を時系列に、わかりやすく解説しています。

　申し遅れましたが、筆者は社会保険労務士として開業して18年以上、企業の労務管理に携わってきました。通称「社労士」は、法律に基づく国家資格で、わかりやすく言えば、労働・社会保険や働き方に関する専門家です。これまで長年にわたり、顧問先企業を通じて従業員の入社から退職までさまざまなご相談を受けてき

ました。

　本書では、そうした経験やノウハウから、定年にまつわるワークルールをはじめ、再雇用の留意点、仕事の見つけ方、年金や社会保険のしくみ、公的な制度の活用法など、定年前に知っておきたい働き方に関する知識100項目を厳選しました。

　「1分読むだけで身につく」というタイトルにある通り、できる限りやさしく、コンパクトにまとめています。簡単にテーマの振り返りができるように「10秒チェック」も入れました。

　早い人では、キャリアの終わりを意識し始める40代後半から、定年に向けたキャリアや働き方を考える人もいます。定年を待たずに、もっと早くから新しい働き方にシフトしたい、準備を始めたいという人もたくさんいるでしょう。

　折しも2023年度は、男女雇用機会均等法の第1期の大卒女性が60歳の定年を迎える節目の年でもあります。男性はもとより、定年を迎える女性が今後増えてく中で、人生のサードステージをより良く過ごしてもらいたいという願いを込めて執筆しました。

　本書が幸せに生きていくための働き方を考えるきっかけとして、少しでも皆様のお役に立てることを心から願っています。

　最後に、お世話になった関係者の皆様に、深甚なる感謝の意を表します。

2023年10月吉日　佐佐木 由美子

*1　高年齢者等の雇用の安定等に関する法律。65歳までの雇用確保措置は企業の義務。
*2　厚生労働省「就労条件総合調査結果の概況」（令和4年）
*3　令和5年4月に「国家公務員法等の一部を改正する法律」が施行。それまで60歳だった定年を同年4月から2年に1歳ずつ引き上げ、令和13年4月に65歳定年となる。

①分 1日1分 読むだけで身につく 定年前後の働き方大全100

も　く　じ

第1章

1分でわかる! 人生後半の働き方 …………………… 13

第2章

1分でわかる! 定年前の仕事とお金のギモン

第3章

1分でわかる! 定年前に知っておきたいルール

第4章

1分でわかる! 定年前後の仕事と生活のリアル ·· 101

第5章

1分でわかる! 定年後の仕事の見つけ方 ‥‥‥‥‥‥ 129

第6章

1分でわかる! 働き方と社会保険のしくみ ‥‥‥‥ 157

第7章

1分でわかる！ 定年後の働き方と年金 ……………… 183

第8章

1分でわかる！公的な制度の活用法 207

本書の使い方

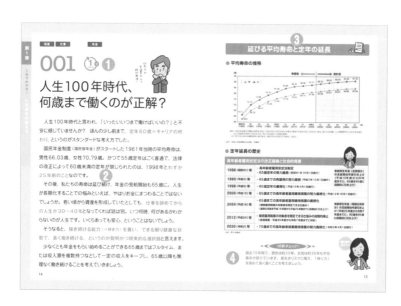

本書は定年前後の働き方にまつわる情報を100項目厳選して掲載しています。最初から通して読んでも、気になる項目を拾い読みしてもかまいません。繰り返し目を通すことで、知識の向上にお役立て下さい。

① 100項目の通しナンバーです。

② 働き方に関する情報の解説本文です。忙しい人のために「1分」でわかりやすくエッセンスを紹介しています。

③ さらにわかりやすく図版やイラストを使って説明しています。楽しみながら読んでください。

④ 各項目の答えや要点をまとめました。時間がないときや素早くポイントをつかみたいときに読んでください。

⑤ 各章末にコラムを入れました。息抜きの読み物としてお楽しみください。

第1章

1分でわかる！
人生後半の働き方

かつては「定年」といえば、キャリアの終着点でした。
人生100年時代と言われる現在では、もう過去の話。
働く期間が長期化していく中で、
人生後半の働き方について、
じっくりと考えていくことが大事になっていきます。

制度　仕事　　年金

001 ⟳ 1分

40年分の
生活費なんて
絶対無理！

人生100年時代、
何歳まで働くのが正解？

　人生100年時代といわれ、「いったいいつまで働けばいいの？」と不安に感じていませんか？　ほんの少し前まで、定年60歳＝キャリアの終わり、というのがスタンダードな考え方でした。

　国民年金制度（国民皆年金）がスタートした1961年当時の平均寿命は、男性66.03歳、女性70.79歳。かつて55歳定年はごく普通で、法律の改正によって60歳未満の定年が禁じられたのは、1998年とわずか25年前のことなのです。

　その後、私たちの寿命は延び続け、年金の受給開始も65歳に。人生が長期化することでの悩みといえば、やはりお金にまつわることではないでしょうか。若い頃から資産を形成していたとしても、仕事を辞めてからの人生が20〜30年となってくれば話は別。いつ何時、何があるかわからないのが人生です。いくらあっても安心、ということはないでしょう。

　そうなると、稼ぎ続ける能力を養い、できる限り健康な状態で、長く働き続ける、というのが賢明かつ現実的な選択肢と言えます。少なくとも年金をもらい始めることができる65歳まではフルタイム、または収入源を複数持つなどして一定の収入をキープし、65歳以降も無理なく働き続けることを考えていきましょう。

延びる平均寿命と定年の延長

● 平均寿命の推移

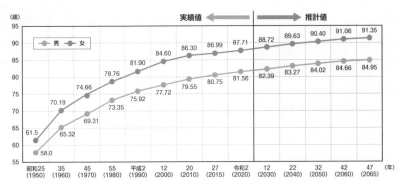

| | 実績値 ← | → 推計値 |

（歳）

	昭和25 (1950)	35 (1960)	45 (1970)	55 (1980)	平成2 (1990)	12 (2000)	20 (2010)	27 (2015)	令和2 (2020)	12 (2030)	22 (2040)	32 (2050)	42 (2060)	47 (2065)
女		70.19	74.66	78.76	81.90	84.60	86.30	86.99	87.71	88.72	89.63	90.40	91.06	91.35
男	61.5 / 58.0	65.32	69.31	73.35	75.92	77.72	79.55	80.75	81.56	82.39	83.27	84.02	84.66	84.95

資料：1950年は厚生労働省「簡易生命表」、1960年から2020年までは厚生労働省「完全生命表」、2030年以降は、国立社会保障・人口問題研究所「日本の将来推計人口（平成29年推計）」の出生中位・死亡中位仮定による推計結果。
（注）1970年以前は沖縄県を除く値である。0歳の平均余命が「平均寿命」である。

（出所：令和4年版高齢社会白書／内閣府）

● 定年延長の歴史

高年齢者雇用安定法の改正経緯と社会的背景		
1986（昭和61）年	● 高年齢者雇用安定法制定 ● 60歳定年の努力義務（昭和61年10月1日施行）	老齢厚生年金（定額部分）の支給開始年齢引き上げ（平成13年度から25年度までに、60歳を65歳に段階的に引き上げ）
1990（平成2）年	● 65歳までの再雇用の努力義務（平成2年10月1日施行）	
1998（平成6）年	● 60歳定年の義務化（平成10年4月1日施行）	
2000（平成12）年	● 65歳までの高年齢者雇用確保措置の努力義務化（平成12年10月1日施行）	
2004（平成16）年	● 65歳までの高年齢者雇用確保措置の義務化 （継続雇用制度の対象者を限定できる仕組み） （義務化年齢を平成18年度から平成25年度までに段階的に引き上げ）	老齢厚生年金（報酬比例部分）の支給開始年齢引き上げ（平成25年度から令和7年度までに、60歳を65歳に段階的に引き上げ）
2012（平成24）年	● 継続雇用制度の対象者を限定できる仕組みの段階的廃止 （経過措置・平成25年度から令和7年度までに対応）	
2020（令和2）年	● 70歳までの高年齢者就業確保措置の努力義務化（令和3年4月1日施行）	

（出所：厚生労働省）

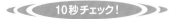

10秒チェック！

過去70年間で、男性は約23年、女性は約26年も平均寿命が延びています。長生きリスクに備え、「稼ぐ力」を高めて長く働くことを考えましょう。

振り返りポイント

制度　仕事　　　　　　　　　　退職

時代はどんどん変わっていくんだね！

002 ①分

男性の定年、女性の定年に違いはあるの？

　私たちにとって、「定年制」はごく自然なものと思われているかもしれませんが、日本特有の雇用慣行ともいえます。高年齢者雇用安定法が1986年に制定されるまでは、定年制はあくまでも企業の雇用慣行であって、法律に基づくものではありませんでした。そのため、かつては男性が55歳に対し、女性は50歳や45歳定年という格差も珍しくありませんでした。結婚・出産等を理由とした「結婚退職制」もあったくらいです。

　現在、企業が定年制を設ける場合において、男女ともに60歳を下回ることは法律によって禁じられています。もし、古い就業規則や社内慣行によって、性別で定年年齢に違いがあったとしても、法律が優先されることを覚えておいてください。

　「定年まで、その後も働いている女性のロールモデルが少ない」という声をよく耳にします。それは、仕事と育児を両立できる雇用環境の整備が進まなかったために退職する女性が多かったことや、50代以降は家族の介護のために退職する女性が多いことなどが考えられます。今は仕事と育児や介護の両立を後押しする法律も整備されていますので、さまざまな制度を活用し、自分のペースで働き続けることを考えていきましょう。

男女間での雇用差別はNG

● かつてあった日本特有の雇用慣行

- 定年は男性が55歳、女性は50歳
- 女性の結婚退職制
- 人事削減や退職勧奨で男女異なる取り扱い

これらの慣行は
今ではすべて違法！
なのだ

● 男女雇用差別等をなくすための法律と制度例

男女雇用機会均等法	育児・介護休業法
※事業主は、次に掲げる事項について、労働者の性別を理由として、差別的取扱いをしてはならない。 • 募集、採用 • 配置、昇進、降格 • 教育訓練 • 福利厚生 • 職種、雇用形態の変更 • 退職の勧奨 • 定年、解雇 • 労働契約の更新	• 育児休業 • 産後パパ育休（出生時育児休業） • 介護休業 • 子の看護休暇 • 介護休暇 • 育児、介護のための所定外労働制限 • 育児、介護のための時間外労働制限 • 育児、介護のための深夜業制限 • 育児、介護のための所定労働時間の短縮等 • その他育児、介護をする労働者に関する措置 • 転勤に関する配慮 • 育児、介護に関する措置の周知 • 育児休業等に関するハラスメントの防止措置、他

育児・介護を支援してあなたの
「働く」をサポートします

10秒チェック！

現在、定年に関して性別による格差はありません。定年が65歳未満の職場では、継続雇用制度等によって男女ともに原則65歳まで働くことができます。

繰り返しポイント

制度 仕事

003 ①分 minute

自分に合った生き方を見つけよう！

定年後の働き方、どんな選択肢があるの？

　早い人では40代のうちから、定年後の働き方について考え始めます。そのくらいになれば、社内におけるだいたいのポジションも見えてきますし、身の振り方を真剣に考えようと思うのも、不思議ではありません。

　定年後の働き方については、大きく３つの選択肢があります。それは、①継続雇用（再雇用）、②再就職（転職）、③起業・独立（フリーランス）。このうち、もっとも現実的に考えられるのは、社内の継続雇用（再雇用）制度を利用する方法です。60歳で定年を迎え、そのまま同じ会社、あるいは子会社やグループ会社などで雇用契約を結び直して働くパターンは、とてもイメージしやすいものです。

　一方、「同じ会社でかつての部下のもとで働くのは嫌だ」、「まったく別の職場で新天地を切り拓きたい」という声も聞きます。そういう場合は、再就職の道を模索することになります。

　最後の選択肢は、起業・独立（フリーランス）という道です。これまでのキャリアや人脈を活かして、新しいチャレンジをすることも十分に考えらえます。メリットは雇用契約と違って、生涯現役を目指すことも可能だということ。収入の変動は３つの選択肢の中では大きいものの、事業内容によってはコストを抑え、自分のペースで働くこともできます。

定年後の働き方は主に3パターン

給料が3〜5割減、仕事量は変わらない、役職を外されるというのが再雇用で多いケース。どんな働き方、生き方を選ぶのかが問われるんですね。

	メリット	デメリット
継続雇用（再雇用）	働き口を探す苦労がない。慣れた職場やこれまでと近い環境で働くことができることも多い。社会保険に原則加入できる。	同じような仕事でも給与が下がることが多い。かつての部下が上司となるなど、人間関係面でやりにくい場合も。
再就職（転職）	新しい雇用環境でチャレンジできる。人間関係の煩わしさがない。希望する仕事に就ける可能性あり。社会保険に原則加入できる。	特別なスキル・経験などがないと、再就職先が決まりにくい。年齢のハードルも高く給与が大きく下がるケースも。
起業・独立（フリーランス）	うまく軌道に乗せることができれば、定年前よりも収入を得られることも。定年を気にせず、長く働くことができる。生涯現役も可能。	収入が不安定。営業や経理、税務などすべて自分で行う必要がある。企業の社会保険に加入することができない。

ミニコラム 「早期退職制度」を利用する

　定年延長が加速する反面、従業員側で定年のタイミングを選択できる「早期退職制度」を導入する企業が増えています。定年を待たずに次の自分の生き方を決めたいという従業員の意思を尊重する動きで、再就職や起業・独立を目指す人にはうってつけの選択肢といえます。

振り返りポイント

◀◀◀ **10秒チェック！** ▶▶▶

定年後の働き方には主に3つの選択肢があります。社内における現在のあなたのポジションをしっかり確認しながら、真剣に身の振り方を考えましょう！

制度　仕事

004 ①分 minute

まだまだ
バリバリ
働けるよ！

65歳まで
働き続けられるってホント？

　高年齢者が働き続けることができる環境を整備するための法律が「高年齢者等の雇用の安定等に関する法律」（「高年齢者雇用安定法」）です。この法律では定年を定める場合に60歳を下回ってはならないことが規定されており、2012年の改正では、定年を65歳未満に定めている事業主に対して、①65歳まで定年を引き上げること、②65歳までの継続雇用制度を導入すること、③定年制を廃止すること、のいずれかの措置を講じることが義務付けられました。これらを「高年齢者雇用確保措置」といいます。

　厚生労働省の調査では、65歳までの雇用確保措置を実施済みの企業は99.9％。しかも、「継続雇用制度の導入」により実施している企業は、全企業の70.6％にものぼります。つまり、定年が60歳であっても本人が希望すれば、継続雇用制度によって65歳までは働くことができます。ただし、注意したいのは、定年によって再雇用される場合、一旦労働条件がリセットされること。再雇用後の仕事内容や給与などの労働条件までは保証されていません。個別に交渉する必要がある点はお忘れなく。

　定年年齢が引き上げられている企業では、そこまで引き続き働くことができますし、定年制が廃止されている企業では年齢制限はありません。

65歳まで雇用は原則保証されている！

● **65歳までの雇用確保措置とは？**（高年齢者雇用確保措置）

① 65歳まで定年を引き上げ
② 65歳までの継続雇用制度
③ 定年制の廃止

> 希望すれば
> 65歳まで働ける！

> でも、業務内容、
> 給与・待遇等の
> 労働条件は保証されない

● **雇用確保措置の内訳**

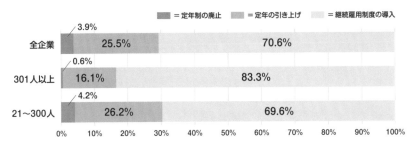

（出所：令和4年 高年齢者雇用状況等報告／厚生労働省）

● **65歳定年企業の状況**

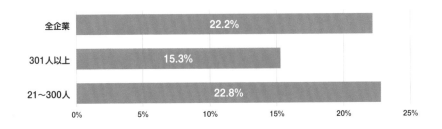

全企業	22.2%
301人以上	15.3%
21〜300人	22.8%

（出所：令和4年 高年齢者雇用状況等報告／厚生労働省）

10秒チェック！

本人が希望すれば、定年が60歳であっても原則65歳までは継続雇用制度で働くことができます。自社の制度をまず確認しましょう。

振り返り
ポイント

制度　仕事　　　　退職

そんなに働けるかなぁ……

005 ⏱1分

65歳から70歳までの働き方はどう変わる？

　2021年4月から改正・高年齢雇用安定法が施行され、65歳までの雇用確保措置に加えて、**70歳までの就業確保措置が事業主の努力義務**となりました。「雇用確保措置」と「就業確保措置」という言葉、とてもよく似ているので同じようなものと思うかもしれません。ところが、これらには大きな違いがあります。よくみると、後者は「就業」となっているのがわかるでしょうか？　つまり、働く機会を与えることがポイントで、**必ずしも雇用することまでは企業に求めていません**。そのため、65歳から70歳までの働く機会の選択肢には、「業務委託契約」や「社会貢献事業」などが含まれてきます。これらを「創業等支援措置」といいます。

　また、「継続雇用制度」を実施する場合でも、65歳からの場合は「**特殊関係事業主**」以外も可能とされている点に注意が必要です。つまり、これまで働いてきた企業やグループ会社等とはまったく関係のない「他社」で働く選択肢が出てくる、ということです。

　あなたの会社が70歳定年であれば、解雇等されない限り70歳まで働くことが可能ですが、「**定年を65歳以上70歳未満に定めている企業**」と「**65歳までの継続雇用制度を導入している企業**」では、就業確保措置が**努力義務**。会社ごとに働く選択肢に違いがあります。

70歳までの就業確保は「努力義務」

● 高年齢者雇用安定法で定められている措置

> 65歳までの雇用確保（義務） 70歳までの就業確保（努力義務）

● 70歳までの就業確保措置とは？（高年齢者就業確保措置）

対象となる事業主

- 定年を65歳以上70歳未満に定めている事業主
- 65歳までの継続雇用制度（70歳以上まで引き続き雇用する制度を除く）を導入している事業主

対象となる措置

次の①〜⑤のいずれかの措置（高年齢者就業確保措置）を講じるよう努める必要があります。

① 70歳までの定年引き上げ
② 定年制の廃止
③ 70歳までの継続雇用制度（再雇用制度・勤務延長制度）の導入
　※特殊関係事業主に加えて、他の事業主によるものを含む

④ 70歳まで継続的に業務委託契約を締結する制度の導入
⑤ 70歳まで継続的に以下の事業に従事できる制度の導入
- 事業主が自ら実施する社会貢献事業
- 事業主が委託、出資（資金提供）等する団体が行う社会貢献事業

「創業等支援措置」といい、雇用によらない措置となります。
④⑤については過半数労働組合等の同意を得た上で、措置を導入する必要があります。

10秒チェック！

振り返り
ポイント

特殊関係事業主とは、自社の①子法人等、②親法人等、③親法人等の子法人等、④関連法人等、⑤親法人等の関連法人等を指します。

制度　仕事　お金

006 ⏱1分

いつまで会社にいたほうがいい？

先輩からよく話を聞いて
その先を
見極めるべきだね

　定年まで今の会社で働くべきか、一足早く働き方を見直すべきか。50歳前後になってくると、「定年」を意識される方は増えてくるのではないでしょうか。職場によっては40代半ば頃から、第二の人生を考えるための通称「黄昏研修」を実施しているケースもあり、否が応でも厳しい現実と向き合わざるをえないことも。給与は頭打ち、ポストも減少する中、50代半ば以降「役職定年制」を設けている企業では、あからさまに待遇がダウンして、やる気を削がれてしまうことも珍しくありません。

　やりがいある仕事や重要な役職を任せてくれるような企業であれば、期待に応えようとモチベーションをキープすることもできます。一方、相応の待遇がまったく期待できなければ、ほかに活躍の場を求めようと考えるのはごく自然なこと。職場でシニアの先輩が活き活きと働いているかどうか観察することはもちろん、実際に話を聞いてみることも大切です。

　平均年齢がどんどん高齢化する職場では、一社員として利益を上げ続けられる人は、年齢にかかわらずニーズは高いものです。そうなれば、定年まで働き続けることも、さらにその先の継続雇用においても希望が持てるというもの。見極めは、定年間際よりも気力・体力のある早い段階からしておくに越したことはありません。

● 役職による給与の違い

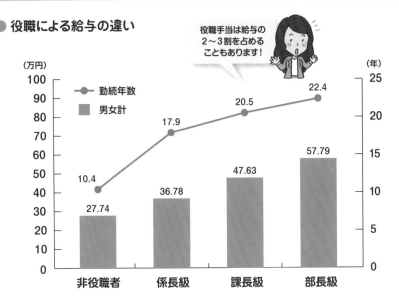

役職手当は給与の
2〜3割を占める
こともあります！

（万円）
100
90
80
70
60
50
40
30
20
10
0

（年）
25
20
15
10
5
0

勤続年数
男女計

	非役職者	係長級	課長級	部長級
男女計	27.74	36.78	47.63	57.79
勤続年数	10.4	17.9	20.5	22.4

（出所：令和3年賃金構造基本統計調査の概況／厚生労働省）

● 役職定年制とは？

　　一定年齢に達した管理職の役職を解任させる制度。管理職の在任期間をあらかじめ定めておく「役職の任期制」と似ていますが、いずれも企業が任意に定めている仕組みです。
　　大企業を中心に、組織の新陳代謝・活性化の維持や高齢化に伴うポスト不足を解消することなどを狙いとして導入する企業は少なくありません。

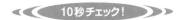

10秒チェック！

振り返り
ポイント

「役職定年制」など社内の制度を理解した上で、シニアの活躍の場があるかどうかきちんと把握して次のことを考えましょう。

制度 仕事

007 ①分

嘱託ってなに？
定年後は
正社員でいられないの？

「嘱託社員」って
定義が
あいまいなんだね

　定年後、再雇用されてこれまでと同じようにフルタイムで働くとしても、雇用形態はほぼ「正社員」ではありません。民間企業の調査によると、65歳以上も「今の会社で働きたい」「正社員として働きたい」と希望する人はそれぞれ7割近くもいますが、定年後は「非正規社員」となるのがほとんどです。そこでよく耳にするのが「嘱託」ではないでしょうか。

　嘱託とは、法律上に定義はなく、一般的に定年後に再雇用される従業員を指します。この場合、有期労働契約となるため、「契約社員」とも言えますが、定年後の再雇用と区別するために「嘱託社員」の名称を使用している場合が多いです。労働時間はフルタイムとは限らず、企業によっては、業務委託契約など雇用によらない働き方で嘱託契約を結んでいる場合もあります。

　嘱託のほか、契約社員、準社員、パートナー社員、臨時社員、パートタイマー、アルバイトなど、企業ごとにさまざまな呼称があります。いずれにしても、定年を迎えるとこれまでの労働条件はリセットされ、再雇用される場合は基本的に非正規社員という立場で働くことになります。

65歳以降も働くとしたら？

● 65歳以上の働き方の希望

一般社員に聞きました

**65歳以上も働けるとしたら、
どんな働き方をしたいと思っていますか？**

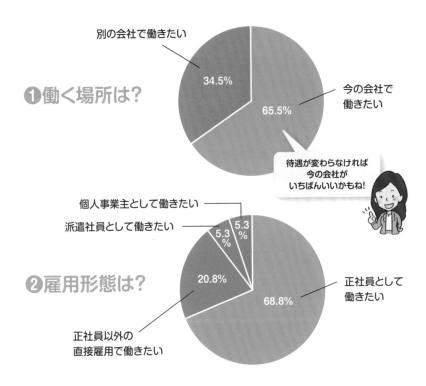

❶働く場所は？

別の会社で働きたい 34.5%

今の会社で働きたい 65.5%

待遇が変わらなければ今の会社がいちばんいいかもね！

❷雇用形態は？

個人事業主として働きたい 5.3%

派遣社員として働きたい 5.3%

正社員以外の直接雇用で働きたい 20.8%

正社員として働きたい 68.8%

（出所：65歳以上のシニア就業状況の調査／マンパワーグループ）

◀◀◀ **10秒チェック！** ▶▶▶

嘱託社員として有期雇用契約で働く場合や通常労働者と
比べて1週間の所定労働時間が短いパートタイム労働者
は、「パートタイム・有期雇用労働法」の対象となります。

振り返りポイント

仕事

008 （1分）

男性の雇用状況は
今でも昔を
引きずってるんだね

男女の違い、
L字カーブって知ってる？

　これまでずっと正社員として働いてきた人にとって、定年後に非正規雇用やフリーランスとして働くことはうまくイメージできないかもしれません。しかし、女性の正規雇用比率を年齢階級別にみると、**25～29歳をピークに正規雇用比率は右肩下がりで、50～54歳になると正規雇用比率は3割に過ぎません。**これはいわゆる「L字カーブ」といわれ、日本の雇用状況をリアルに映し出しています。一方、男性の場合、50代前半での正規雇用比率は7割程度。定年前の働き方において、すでに男女で違いがあることがわかります。

　正社員として長年勤務してきた場合、定年を機に働き方の大きな見直しが迫られます。しかし、すでに契約社員やパートで働いている場合、定年年齢を迎えても、実はそれほど大きく働き方や労働条件が変わることはありません。それは現場仕事を任されていることが多いからといえます。

　人生後半の働き方を考えるとき、定年以降は非正規が主流。自分の都合のよい時間に働くことが可能なため、**家事や介護等との両立を大事にしたりプライベートを優先しやすくなったりします。**過度な責任やストレスからも解放されるかもしれません。そうして長く働くことができれば、**必要以上にお金の心配をせずに暮らすことができます。**

L字カーブは女性の雇用問題の縮図

● 女性の年齢階級別正規雇用比率を示すL字カーブ（2021年）

女性の年齢階級別正規雇用比率（L字カーブ）は25〜29歳の58.7%をピークに低下。

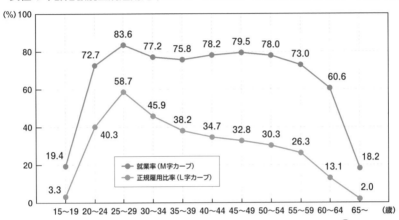

（備考）1. 総務省「労働力調査（基本集計）」より作成。
2. 就業率は、「就業者」／「15歳以上人口」×100。
3. 正規雇用比率は、「正規の職員・従業員」／「15歳以上人口」×100。

（出所：令和4年版 男女共同参画白書／内閣府男女共同参画局）

結婚・出産期に当たる年代に一旦低下し、育児が落ち着いた時期に再び上昇するいわゆる「M字カーブ」は、近年は解消されつつある

● 非正規の職員・従業員に就いた主な理由

【非正規の職員・従業員2,090万人について調査】

- 「自分の都合のよい時間に働きたいから」704万人（34.9%）※前年同期比39万人増
- 「家計の補助・学費等を得たいから」373万人（18.5%）※前年同期比27万人減
- 「家事・育児・介護等と両立しやすいから」222万人（11.0%）※前年同期比14万人増
- 「正規の職員・従業員の仕事がないから」196万人（9.7%）※前年同期比12万人減

（出所：労働力調査（2023年4〜6月期平均）総務省統計局）

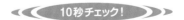
10秒チェック！

振り返りポイント

女性の正規雇用率のピークは25〜29歳。その後は非正規雇用が増えるため、「定年」になって働き方や労働条件が大きく変わることは少ない傾向にあります。

仕事

009 ①minute

定年後、フリーランスは意外と多い？

フリーランスは
自己責任
そこんとこヨロシク

長年会社勤めをされてきた方にとっては、フリーランスや自営業など、「雇われない働き方」はリスクが大きいと感じる方もいるかもしれません。しかし、嘱託・契約社員やパートタイマーなど正社員以外の働き方に加えて、定年後はフリーランスの人気が高まります。民間調査によると、フリーランスとして働く人は40代以上のミドル・シニア層が全体の7割を占めるという結果もあります。総務省の労働力調査においても、70代前半では就業者のうちフリーランスが約2割を占めています。

ミドル・シニアにもなれば、これまで築いた人脈や経験、専門スキルなど、独立できるだけの力を兼ね備えている人は少なくありません。フリーランスとして働くことは、現実的な選択肢の一つといえます。自由度が高く、定年の縛りもないため、生涯現役として働き続けることも可能です。収入が安定しないという面もありますが、若い頃と比べて大きな違いは、年金を受け取りながら、細く長く働くことができるということ。

定年後はフリーランスとして、雇われない働き方をする。そういう選択肢もぜひ検討してみてはいかがでしょうか。

フリーランスはミドル・シニア層が中心

● フリーランスの年齢構成

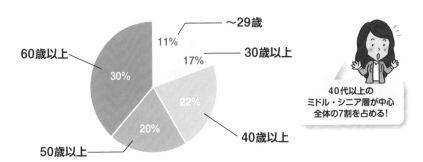

- ～29歳 11%
- 30歳以上 17%
- 40歳以上 22%
- 50歳以上 20%
- 60歳以上 30%

40代以上の
ミドル・シニア層が中心
全体の7割を占める!

（出所：個人事業主・フリーランスの実態に関する調査 報告書（2020年3月）／株式会社 三菱総合研究所）

● フリーランスの働き方

50～60代は
「自営業系独立オーナー」と
「自由業系フリーワーカー」が増える!

副業・複業ワーカーは20～40代が多いが、
フルタイムで働く必要のある自由業系フリーワーカーと
自営業系独立オーナーは50代以上で多くみられる。
平均年齢も副業系すきまワーカーと自営業系独立オーナーでは10歳以上異なる。

	20代	30代	40代	50代	60代	（平均年齢）
副業系 すきまワーカー	16.0%	25.1%	32.8%	17.8%	8.3%	42.3歳
複業系 パラレルワーカー	10.3%	21.7%	26.1%	23.8%	18.1%	46.3歳
自由業系 フリーワーカー	14.7%	17.1%	12.7%	19.1%	36.4%	49.3歳
自由業系 独立オーナー	2.8% 10.6%	19.9%	33.9%	32.8%		53.3歳

（出所：新・フリーランス実態調査 2021-2022年版／ランサーズ株式会社）

10秒チェック!

フリーランスはリスクもありますが、長年の人脈、経験、
スキルが活かせる働き方なのでミドル・シニアには向い
ているといえます。

振り返り
ポイント

仕事

010 1分

キャリアダウンと 向き合うには？

会社任せじゃなく
自分自身で
キャリアを築こう！

変身ー！

　50代になると、役職定年や出向、年齢を理由とした配置転換などが行われることが多く、それらを契機に働くモチベーションが著しく下がってしまう、いわゆる「50代シンドローム」が以前から指摘されていました。日本では新卒一括採用から始まり、年次管理で昇給、年功序列型の賃金で定年を迎えるという雇用モデルが長く続きました。50代で働く方たちは、こうした影響を強く受けている世代です。いつまでも右肩上がりが続くことはないとわかっていても、いざ自分が役職から外され給与も下がると、やる気が削がれてしまう気持ちもわからないわけではありません。

　ここで大事になってくるのが、自分自身におけるパラダイムシフトです。職業人生が長期化すれば、キャリアのどこかの段階でポストオフに直面することは自然なこと。これまで当たり前だと思われていた社会全体の価値観やものの見方を大きく転換しましょう。人の価値は、地位や「いくらお金を稼げるか」といったことで決まるわけではありません。年収や役職などにこだわり過ぎず、新しい環境へ適応していく柔軟性を身に付けていきましょう。

　会社主体で築かれたキャリアから、人生後半は、自分を主体としたキャリアを自律的に築き上げていくという気概を持つことが大切です。

役職定年とモチベーションの喪失

● 「50代シンドローム」の構造と経済損失

モチベーション
ダウン

24〜41
%

役職定年
出向　配置転換

50代会社員の生産性低下

経済損失約**1.5**兆円
（定年後研究所、ニッセイ基礎研究所の共同試算）

「あきらめ」の
気持ちが強まる

20〜28
%

定年後に関する定量調査（定年後研究所 2018年3月調査）

【企業】中高年社員の戦力化（モチベーション向上策）が課題

（出所：定年後研究所・ニッセイ基礎研究所「共同研究 企業と中高年社員の「新しい関係」構築に向けて」報告書（2020年12月）／一般社団法人 定年後研究所）

● 「役職定年」がもたらした気持ち（上位の項目）

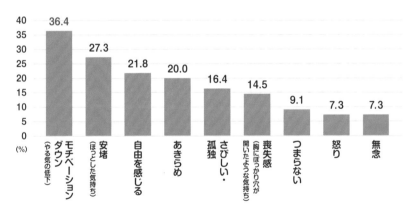

項目	%
モチベーションダウン（やる気の低下）	36.4
安堵（ほっとした気持ち）	27.3
自由を感じる	21.8
あきらめ	20.0
さびしい・孤独	16.4
喪失感（胸にぽっかり穴が開いたような気持ち）	14.5
つまらない	9.1
怒り	7.3
無念	7.3

（出所：定年後研究所 「定年後」に関する定量調査（2018年11月15日））

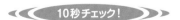

10秒チェック！

50代以降もモチベーションを維持するには、「会社」でなく「自分」を主体としてキャリアを積み上げる意識が必要です。

仕事

011

リスキリング教育
何を学べばいい？

　近年、「学び直し」として注目されている「**リスキリング**（Reskilling）」。これは、**新しい仕事のやり方や新しい職務に移行するためのスキル習得**を指します。特に、デジタル化やグリーン化の対応で生じる新しい職業や仕事の進め方が大きく変わる業務をするためのスキル習得を意味することが多く、DX（デジタル・トランスフォーメーション）、GX（グリーン・トランスフォーメーション）時代とともに欠かせないキーワードとも言えます。

　本来、リスキリングは**デジタル化時代の人材戦略として企業**（および行政）**が主導で行うもの**。新しいことを学び、新しいスキルを身に付けるばかりでなく、新しい業務や職業に就くことまでを含みます。

　企業が目指すべき姿とそのためにリスキリングで何を習得すべきか明確に示し、就業時間内に教育を受けさせてくれるのが一番ですが、必ずしもすべての会社がリスキリングに積極的であるとは限りません。そこで**個人的にリスキリングを図っていこう**とする場合、今後を見据えて業務の拡大や転換に必要なスキルを学習するのがよいでしょう。たとえば、**プログラミングやデータサイエンス**などのデジタルスキルは注目ですが、人手が必要とされる職種に移行するためのリスキリングも一案です。

リスキリングは新たな仕事へのステップ

● リスキリングに対する日本人の意識

質問❶：**以下の内容にどの程度同意しますか？**
「私はテクノロジーの変化についていけるよう絶えず新しいスキルを学んでいる」

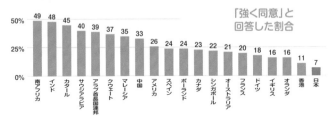

「強く同意」と
回答した割合

国	割合
南アフリカ	49
インド	48
カタール	45
サウジアラビア	40
アラブ首長国連邦	39
クウェート	37
マレーシア	35
中国	33
アメリカ	26
スペイン	24
ポーランド	24
カナダ	23
シンガポール	22
オーストラリア	21
フランス	20
ドイツ	18
イギリス	16
オランダ	16
香港	11
日本	7

質問❷：**職場に導入される新たなテクノロジーの活用に順応できる自信が
どの程度ありますか？**

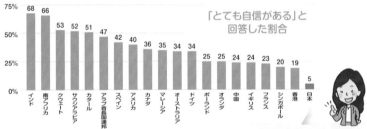

「とても自信がある」と
回答した割合

国	割合
インド	68
南アフリカ	66
クウェート	53
サウジアラビア	52
カタール	51
アラブ首長国連邦	47
スペイン	42
アメリカ	40
カナダ	36
マレーシア	35
オーストラリア	34
ドイツ	34
ポーランド	25
オランダ	25
中国	24
イギリス	24
フランス	23
シンガポール	20
香港	19
日本	5

（出所：デジタル環境変化に関する意識調査（2021）／PwC Japanグループ）

テクノロジーの変化に対応する
「スキル」も「自信」も、
日本は世界で最低レベル！

● ミドルシニアのリスキリング

　これまでの経験や専門性にデジタルスキルをうまく掛け合わせることが難しい場合、DXにこだわらず発想を転換してもよいかもしれません。たとえば、介護や福祉、物流など、今後さらに人手が必要とされる職種に移行するためのリスキリングも考えられます。ITリテラシーを高め、若手とのDX知識の差を埋めることも有用です。

10秒チェック！

振り返り
ポイント

自律的に自分らしいキャリアを築いていくためにも、学び直し（リスキリング）で新しい知識を吸収していくことは大切です。

制度　仕事　お金

012 ⏱1分 minute

リカレント教育 おすすめの学びは？

日頃からの鍛錬が己を助けるんだね

　リカレント教育とは、学校教育からいったん離れたあと、社会人となって新たなスキルや知識の取得を目的として、**退職ないしは休職して仕事から離れ、学び直すこと**を指します。日本では仕事を休まないスタイルも指します。リカレント（recurrent）は「循環する」「再発する」といった意味。必要に応じて就労と学習を交互に繰り返すニュアンスです。なかには平日に仕事をしながら、週末や夜間を利用して勉強を続ける方もいます。

　リカレント教育は、学んだことを仕事に生かし、今後のキャリアや自分の成長につなげることを目的とします。そのため、**資格取得や職業訓練など仕事に役立てることが基本**です。

　何を、どのくらいの期間学ぶかは、本人の自由。年齢も関係ありません。しかし、いざとなると何を学んだらいいか悩むこともあるかもしれません。そうしたときは、今後どういう仕事や働き方がしたいのかじっくりと考え、そのためにどういったスキルを身に付けたらよいかを検討してみてください。たとえば、定年後は経営コンサルタントとして独立したければ、大学院のMBA（経営学修士）コースで経営全般を体系的に学び直すといったことも考えられるでしょう。**あくまでも自分のキャリアにつながるかという視点で学び直しをすることが大切**です。

リカレント教育をバックアップ

● リカレント教育のためのウェブサイト

● 社会人の学びを応援するサイト「マナパス」（文部科学省）

https://manapass.jp/

「マナパス」は、社会人の大学等での学び直しを応援するサイト。「分野」「資格」「給付金や奨学金等の支援」「土日・夜間開講」など、自分の希望に沿った条件で講座内容が検索できます。

● リカレント教育を支援するさまざまな制度

● 教育訓練給付金

働く方の主体的な能力開発の取り組み、または中長期的なキャリアアップを支援し、雇用の安定と再就職を促します。対象講座を修了した場合は、自ら負担した受講費用の20～70％の支給が受けられます。

● キャリアコンサルティング

在職中の方を対象に、今後のキャリアなどについて、キャリア形成学び直し支援センターでキャリアコンサルタントに無料で相談できます。オンラインによる相談もできます。

● 公的職業訓練（ハロートレーニング）

希望する仕事に就くために必要な職業スキルや知識などを無料で習得できます。

ミニコラム 生涯学習との違いは？

リカレント教育と混同されやすいのが「生涯学習」です。生涯学習は、生涯にわたり行うあらゆる学習を指し、学校教育や社会教育、さらには文化活動、スポーツ活動、ボランティア活動や趣味など、仕事に関係のないことや生きがいに通じる内容まで幅広く含まれます。

◄◄◄ 10秒チェック！ ►►►

振り返りポイント

リスキリングは新しい職務に移行するためのスキルの習得、リカレント教育は個人のキャリアに必要な知識などを社会人が学び直すこと。その目的に違いがあります。

仕事

013

①分
minute

キャリアの棚卸し
まずは自分を
再調査してみるか

早めにキャリアシフト
したほうがいい？

　定年後、このまま今の仕事を続けて行くべきか、転職すべきか、副業で何か準備すべきか……そう考え始める人は40代後半くらいから増えるのではないでしょうか。40代以降に、自身のキャリアに大きな影響を与えるような決断をしたかを調査したところ、「決断あり」は34.2％にとどまる結果に。裏を返せば、6割超のミドル・シニアはキャリアを主体的に選んでいないことがわかります。一方、40代以降に自らの意志でキャリアを決めた経験がある人ほど、将来のキャリアにも意欲的であり、プライベートでの満足度が高いことも明らかに。

　自分が仕事で培ってきた能力に自信が持てず行動を起こす勇気がなかったり、決断を先延ばしにしていたりするなら、一度キャリアの棚卸しをしてみるとよいでしょう。自分の得意不得意を自覚することで、活躍しやすい環境を知る効果があります。自分を見つめ直す機会を増やすために時間をつくり、さらに社内外で人間関係を広げて客観的な視点を持てるようになると、自分の強みや特徴も見えてくるかもしれません。

　自分を理解し、こうありたいという方向性が見えなければ、キャリアシフトをするのも難しいはず。副業・兼業や社外研修など、外部との接点を増やしながら考えていく、というのもアリです。

キャリアは主体的に選ぼう！

● 40歳以降のキャリア決断

質問：40歳以降に「自身のキャリアに大きな影響を与える決断をした経験」として当てはまるものをお選び下さい。

■ 40歳以降のキャリア決断あり
■ 40歳以降のキャリア決断なし

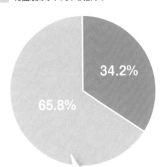

34.2%

65.8%

40歳以降の
キャリア決断は34.2%。
6割超のミドル・シニアは未決断

（出所：40代前半〜60代前半の働く価値観調査／株式会社リクルート）

今の環境を手放さずに
新たな環境に挑戦できる
「副業・兼業」が
最も支持されている

● 就労環境を変える意向とその手段

質問：今後、あなたは就労環境を変えることをどの程度考えていますか。

■ いずれかの手段で
就労環境を変更する意向がある
■ いずれかの手段でも
就労環境を変える意向がない

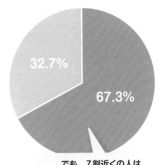

32.7%

67.3%

でも、7割近くの人は
就労環境を変えたがっている

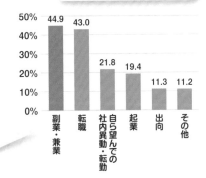

	副業・兼業	転職	社内異動・転勤	自ら望んでの	起業	出向	その他
%	44.9	43.0	21.8	19.4		11.3	11.2

（出所：40代前半〜60代前半の働く価値観調査／株式会社リクルート）

振り返り
ポイント

◀◀ 10秒チェック！ ▶▶

自分のキャリアに自信を持てない人は、まずキャリアの棚卸しを！　外部の人の客観的な視点を取り入れて考えていくと、自分の本当の価値が見えてくるものです。

定年前後に関するコラム

その1

年金は損得よりも安心感

　世間では「いつ年金を受け取るのが得か?」といったことが話題に上りますが、公的年金を損得勘定で考えても、実はあまり意味がありません。年金の本質は、人生に起こり得る困りごとに対してリスクヘッジをするもの。具体的には、老齢・障害・死亡というリスクに備えるものであり、貯蓄とは大きく性質が異なります。

　私たちは必ず年を取り、やがて働けなくなる日が訪れます。老後に備えて貯蓄や投資をすることはもちろん大切ですが、予想外に長生きするかもしれませんし、何が起こるかわからないのが人生です。「いくらあれば安心か?」ということを、ある程度は予想できたとしても、そのときになってみないとわからないというのが正直なところでしょう。2,000万円貯めたとしても、「もっと欲しい。これでは足りない」と感じてしまうのではないでしょうか。お金には際限がありません。

　年金の魅力は、こうした長生きリスクに対して、働けなくなったあとも一生涯に渡って受給できるということです。「老齢年金」のほか「障害年金」や「遺族年金」という制度もあります。大切なのは、何歳まで生きたとしても生活基盤としてのお金が生涯受け取れるという「安心感」にほかなりません。そのために年金制度があり、賦課方式(現役世代が拠出した保険料を現在の受給者に給付する方法)で運営されているのです。

　こういうと、「年金では生活できない」という意見もあるかもしれません。たとえ豊かに生活できるほど十分な額でなかったとしても、1円たりとも受け取れないのと毎月〇万円を定期的に受けられるかでは、雲泥の差といえます。

　年金の受給額は、働き方によっても大きく変わってきます。人生100年時代を考えれば、50代から真剣に考え始めても遅くはありません。働き方の違いによる社会保障を理解して、自分に合った備えをしていきましょう。

第2章

1分でわかる！
定年前の仕事と
お金のギモン

老後の生活費にどのくらいのお金が必要になる？

今のうちから副業をしておくべき？

60代以降も長く働けるのはどんな仕事？

定年前は不安がいっぱい。

だからこそ考えておきたい仕事やお金にまつわる疑問について解説します。

お金　年金

014 ①分 minute

いったいいくらぐらい必要なの？

夫婦とおひとりさま、老後いくら必要？

　定年を意識し出すようになると、「いったいいつまで働けばいいの？」という疑問が頭を過るのではないでしょうか。働き方と大きく関係してくるのが、お金のこと。定年後はフルタイムで働いたとしても、現役時代のような高収入を稼ぎだすのはなかなか難しいもの。

　そこで、多くの人が年金をもらい始める65歳以上の世帯で、どのような家計収支となっているのか、まず確認しておきましょう。総務省の調査によると、夫婦のみ無職世帯では、年金を主とした実収入が約24.6万円。そこから生活にかかる消費支出と税金や社会保険料等の非消費支出を差し引くと、約2.2万円の不足となります。一方、単身の場合は、実収入約13.4万円から消費支出等を差し引くと、不足分は約2万円です。

　これらは平均値であって、個人ごとにライフスタイルは異なります。特に住まいは、持ち家か賃貸かによって大きく変わります。この調査では、夫婦のみ世帯で住居費が約1.5万円ですが、賃貸の場合はとても収まりません。ゆとりある老後生活費は夫婦2人で平均37.9万円という調査結果も（「生命保険文化センター」調べ）。住まいの問題を含め、一度リアルに1か月の消費支出をシミュレーションしてみることが大切です。その際、ゆとりバージョンとシンプルライフ、2つ出しておくとよいでしょう。

年金だけじゃ食べていけないのが現実

● 65歳以上の夫婦のみの無職世帯（夫婦高齢者無職世帯）の家計収支（2022年）

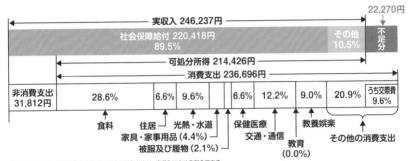

実収入 246,237円

社会保障給付 220,418円 89.5%　その他 10.5%　不足分 22,270円

可処分所得 214,426円

消費支出 236,696円

非消費支出 31,812円　28.6%　6.6%　9.6%　6.6%　12.2%　9.0%　20.9%　うち交際費 9.6%

食料　住居　光熱・水道　保健医療　教養娯楽　その他の消費支出
家具・家事用品（4.4%）　交通・通信　教育（0.0%）
被服及び履物（2.1%）

(注) 1 図中の「社会保障給付」及び「その他」の割合（％）は、実収入に占める割合である。
2 図中の「食料」から「その他の消費支出」までの割合（％）は、消費支出に占める割合である。
3 図中の「消費支出」のうち、他の世帯への贈答品やサービスの支出は、「その他の消費支出」の「うち交際費」に含まれている。
4 図中の「不足分」とは、「実収入」から「消費支出」及び「非消費支出」を差し引いた額である。

(出所：家計調査報告2022年（令和4年）平均結果の概要／総務省)

夫婦世帯で
2.2万円足りない！

● 65歳以上の単身無職世帯（高齢単身無職世帯）の家計収支（2022年）

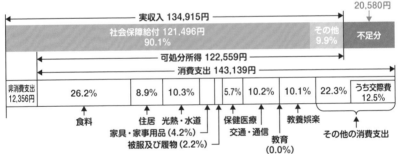

実収入 134,915円

社会保障給付 121,496円 90.1%　その他 9.9%　不足分 20,580円

可処分所得 122,559円

消費支出 143,139円

非消費支出 12,356円　26.2%　8.9%　10.3%　5.7%　10.2%　10.1%　22.3%　うち交際費 12.5%

食料　住居　光熱・水道　保健医療　教養娯楽　その他の消費支出
家具・家事用品（4.2%）　交通・通信　教育（0.0%）
被服及び履物（2.2%）

(注) 1 図中の「社会保障給付」及び「その他」の割合（％）は、実収入に占める割合である。
2 図中の「食料」から「その他の消費支出」までの割合（％）は、消費支出に占める割合である。
3 図中の「消費支出」のうち、他の世帯への贈答品やサービスの支出は、「その他の消費支出」の「うち交際費」に含まれている。
4 図中の「不足分」とは、「実収入」から「消費支出」及び「非消費支出」を差し引いた額である。

(出所：家計調査報告2022年（令和4年）平均結果の概要／総務省)

単身世帯なら
2万円足りない！

10秒チェック！

65歳以上の夫婦では約26.8万円、単身世帯では約15.5万円が平均的に必要な額。あなたの消費支出をシミュレーションしてみましょう！

振り返り
ポイント

お金 年金

015 ①分

定年後、いくら 稼げば暮らしていける？

あーあ、働かなくても暮らせないかなぁ

　定年後にいくら稼げばよいか。この問題を考えるにあたって大事になってくるのが、**消費支出と年金額**です。生活費を充分にカバーできる年金がもらえるなら、お金のために働く必要はありません。しかし実際にはそう上手くはいかないもの。年金とひと口に言っても、**これまでの働き方などによって大きく変わってきます**。

　たとえば、**フリーランスや個人事業主**として働き40年間国民年金保険料を支払ってきた場合、65歳から支給される年金額は**月6万8,000円**（2024年度満額）。一方、**会社員**として厚生年金保険に加入してきた場合、平均額をみると、**男性は16万3,875円、女性は10万4,878円**となっています。仮に年金見込額が17万円で、定年後の生活費が22万円とすれば、5万円を稼げれば収支が合う計算になります。一方、フリーランスで国民年金のみ5万円の見込額で生活費が13万円かかるとすれば、8万円を稼ぐ必要があります。足りない額は預貯金などで賄うことになりますが、本当の引退後生活を考えると、**働けるうちは働く、というスタンス**でいるに越したことはありません。

　50歳以上の場合、「ねんきん定期便」には現時点での納付状況が60歳まで継続する想定で試算された受給見込額が記載されています。

あなたの年金見込額を知るには？

● ねんきんネット

　50歳未満の方は「ねんきん定期便」をみても受給見込額は記載されていません。50歳以上の方も具体的なシミュレーションをするには「ねんきんネット」がおすすめ。パソコンやスマートフォンから、今後の働く期間や給与等を入力すると、瞬時に見込額を試算することができます。

**「ねんきんネット」に
ログインするには？**

- マイナンバーカードあり
  →マイナポータルからのログイン
- ねんきんネット登録者
  →ユーザIDによるログイン

● 公的年金シミュレーター

こちらをチェック！ https://nenkin-shisan.mhlw.go.jp/

　「ねんきんネット」よりも気軽に将来の年金額を試算できるツール「公的年金シミュレーター」が登場しました。最大の特徴はスムーズで簡単な操作方法。利用時にID・パスワードの入力が不要なので、すぐに試算が可能。

● 毎月の赤字額を前提とすると65歳からいくら足りない？

月5万円赤字の場合	月3万円赤字の場合
85歳までなら ➡ 1,200万円	85歳までなら ➡ 720万円
90歳までなら ➡ 1,500万円	90歳までなら ➡ 900万円
95歳までなら ➡ 1,800万円	95歳までなら ➡ 1,080万円

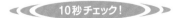

10秒チェック！

振り返り
ポイント

公的年金シミュレーターは、これからの働き方や暮らし方の変化に応じて、将来受給可能な年金額を簡単に試算できるツール。個人情報は記録、保存されないので安心です。

お金

016 ⏱1分

経済的な
暮らし向きは大丈夫？

収入も家計も
ダウンサイジングが
ポイント！

このくらい？

　定年前後で働き方は大きく変わってきますが、世間一般の平均年収はどのくらいかご存知でしょうか。国税庁「民間給与実態統計調査」による年齢階層別の男女平均給与をみると、右図のように55〜59歳の529万円をピークに、60〜64歳で423万円、65〜69歳で338万円、70歳以上で300万円となっています。この年収は男女平均であり、男女別でみたときに平均給与に大きな違いがある点にも気をつけたいところ。ただし、この数字は民間給与所得者でかつ1年間を通して就業している人の平均値です。

　内閣府の高齢社会白書で65歳以上の高齢者世帯の所得階層別分布をみると、高齢者世帯の中央値が271万円、150〜200万円未満が最も多くなっています。また、内閣府の調査において、65歳以上の68.5％が経済的な暮らしに「心配はない」と回答していることから、小さく稼ぐことができれば公的年金等を含め生活は十分に成り立つと考えられます。40〜50代までは住居費や教育費が大きな割合を占めますが、60代以降はそうした支出も減って家計はダウンサイジングするもの。

　ただし、年金の受給開始年齢は、原則65歳から。65歳まではしっかりとフルタイムで働くことを視野に入れていきましょう。

65歳以上の人の暮らし向き

● 年齢階層別の平均給与

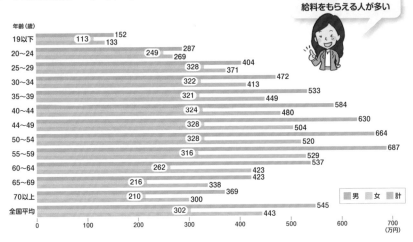

65歳以上でもちゃんと
給料をもらえる人が多い

年齢（歳）	男	女	計
19以下		113	133 / 152
20～24	249	269	287
25～29	328	371	404
30～34	322	413	472
35～39	321	449	533
40～44	324	480	584
44～49	328	504	630
50～54	328	520	664
55～59	316	529	687
60～64	262	423	537
65～69	216	338	423
70以上	210	300	369
全国平均	302	443	545

（万円）

（出所：令和3年分 民間給与実態統計調査／国税庁）

● 65歳以上の人の経済的な暮らし向き

「公的年金＋小さく稼ぐ」
で生活の心配を解消！

「心配ない・それほど心配ない」併せて68.5%

	家計にゆとりがあり、まったく心配なく暮らしている	家計にあまりゆとりはないが、それほど心配なく暮らしている	家計にゆとりがなく、多少心配である	家計が苦しく、非常に心配である	不明・無回答
65歳以上 全体	12.0	56.5	23.7	7.5	0.3
65～74歳	11.6	55.3	25.6	7.3	0.2
75歳以上	12.5	57.8	21.4	7.8	0.5

資料：内閣府「高齢者の日常生活・地域社会への参加に関する調査（令和3年度）」
（注1）四捨五入の関係で、足し合わせても100.0%にならない場合がある。
（注2）調査は60歳以上の男女を対象としているが、本白書では、65歳以上の男女の集計結果を紹介する。

（出所：令和5年版 高齢社会白書／内閣府）

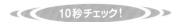

10秒チェック！

65歳までしっかりフルタイムで働ければ、生活もダウン
サイジングしてさほど心配なく暮らすことができるとい
うのが実情です。

振り返り
ポイント

`制度` `お金` `退職`

017 (1分)

早期退職、
人生の収支として
どうなのかな？

早期退職、募集があったら、したほうがおトク？

「早期退職の募集に心が揺れた」という方、意外といるかもしれません。早期・希望退職とは、企業の業績悪化や組織再編等を理由に、定年前に退職を一定期間募る制度。あくまでも企業が任意に行うものですが、早期退職の対象となりやすい年齢は40～50代。一般的に優遇した条件を会社が提示することから、「早期優遇退職制度」などともいわれます。

メリットとしては、退職金が優遇されることや、転職支援のサービスが受けられることなどが挙げられます。退職金を元手に起業することもできますし、住宅ローンを一括返済してライフプランを見直したり、体力のあるうちにやりたかったことにチャレンジしたり、明確な目的がある人にとっては有効に活用することができます。

一方、デメリットとしては、再就職が決まらない場合や起業した事業等が軌道に乗るまでは、預貯金や退職金を切り崩しながら生活しなければならないということです。無職の期間が長ければ長いほど、再就職が難しくなる傾向も。精神的なプレッシャーも大きいといえます。早期退職で失敗しないためには、これら長所短所を踏まえつつ、その後の人生がマイナス収支に陥らないことを見極めた上で考えることが大切です。

早期退職で失敗しないために

● 早期退職のメリット・デメリットとは?

メリット	デメリット
• 退職金が優遇される • 転職支援サービス等のバックアップが受けられる • 転職や起業など、新たなキャリアにチャレンジできる • 失業給付も会社都合で優遇される	• 定期収入が途絶える • すぐに再就職先が決まらない場合に貯金や退職金を切り崩して生活することに • 次のキャリアが決まらない場合の精神的なプレッシャー大 • 無職期間が長引くと再就職がより困難 • 年金額が下がるリスク

● 早期・希望退職の実施を開示した38社の業種（2022年）

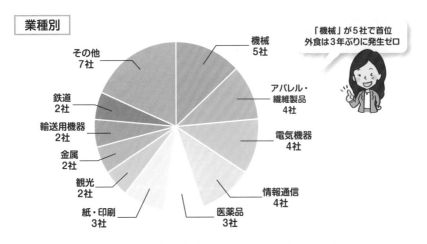

業種別

機械 5社
アパレル・繊維製品 4社
電気機器 4社
情報通信 4社
医薬品 3社
紙・印刷 3社
観光 2社
金属 2社
輸送用機器 2社
鉄道 2社
その他 7社

「機械」が5社で首位
外食は3年ぶりに発生ゼロ

※東京商工リサーチが集計している「上場企業の早期・希望退職募集」は2019年以降、3年連続で1万人超。
2022年は合計5,780人で大幅に減少し、コロナ禍前の水準に。

（出所：2022年 上場企業「早期・希望退職」募集状況／東京商工リサーチ）

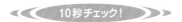

10秒チェック！

早期退職で失敗しないためには、その後の人生がマイナス収支に陥らないことを見極めた上で考えることが大切です。

繰り返しポイント

お金　退職

018 (1分 minute)

退職金の平均額は？もらえない人がいるってホント？

退職金をあてにしてたのに……

　定年となれば、退職金がもらえると思っている方が多いと思います。しかし、退職金自体は法律で義務付けられているものではなく、あくまでも企業独自の制度。大企業においては退職金制度がほぼ完備されていますが、中小企業の場合は会社ごとに異なり、退職金がもらえないこともあり得ます。また、退職金の額は、勤続年数や退職理由（定年退職以外に、会社都合や自己都合など）、給与等によって大きく変わります。

　退職金には、会社が独自に計算方法を規定して内部で積み立てる「退職一時金制度」、掛金は確定しているものの従業員の運用次第で給付額が変わる「企業型確定拠出年金制度（DC）」、退職時の給付額が確定していて企業が運用する「確定給付企業年金制度（DB）」、中小企業が外部で積み立てる「中小企業退職金共済制度」などがあります。

　厚生労働省の調査では、大学・大学院卒で定年退職した人の退職金平均額は1,983万円（直近「平成30年 就労条件総合調査」による）。中小企業のモデル退職金をみると、大学卒が1,091万円となっています。退職金は個人差が大きいので、必ず勤務先の退職金規程を確認しましょう。

退職金は企業規模、学歴、退職理由などによって異なる！

● 退職金の平均額・相場（退職理由／学歴別）

	大学・大学院卒	高校卒
定年退職	1,983万円	1,618万円
会社都合退職	2,156万円	1,969万円
自己都合退職	1,519万円	1,079万円
早期優遇（希望退職）	2,326万円	2,094万円

（出所：平成30年 就労条件総合調査／厚生労働省）
※ 勤続20年以上かつ45歳以上の退職者の場合。高校卒は管理・事務・技術職への従事者を対象とする。値は「退職金一時金のみ」「退職一時金と年金併用」「退職年金のみ」の場合の額を合算し、単純平均したもの。

● 中小企業のモデル退職金（定年退職の場合）

	支給金額
高校卒	994万円
高専・短大卒	983万円
大学卒	1,091万円

（出所：令和4年版 中小企業の賃金・退職金事情／東京都産業労働局）

> 上図の定年退職金の
> 平均額とはずいぶん
> 隔たりがある！

ミニコラム 退職金制度がある企業はどのくらい？

　常用労働者数30人以上の民営企業を対象とした厚生労働省の「就労総合条件調査」によると、退職給付（一時金・年金）制度がある企業割合は80.5%。企業規模別では「1,000人以上」が92.3%、「300〜999人」が91.8%、「100〜299人」が84.9%、「30〜99人」が77.6%と規模によって異なります。制度があっても、勤続年数や給与などによって、もらえる額はさまざま。退職金制度については就業規則を確認するほか、わからないことがあれば会社に聞いてみましょう。

◀◀◀ 10秒チェック！ ▶▶▶

振り返りポイント

勤務先の「退職金規程」の有無を確認し、ある場合は計算方法や概算額をあらかじめチェックして試算しておきましょう。

制度　仕事

019 ⏱1分

再雇用と
勤務延長はどう違う?

勤務延長のほうがモチベーションがあがるよね

　定年後の働き方に、「継続雇用制度」という言葉がよく出てきます。現在は、70歳までの就業機会を確保することが事業主の努力義務となっており、70歳までの継続雇用制度を導入する企業も少しずつ増えています。この継続雇用制度は、「勤務延長制度」と「再雇用制度」の2つに大別できます。「勤務延長制度」とは、定年到達者を退職させることなく、引き続き雇用する制度。そのため、給与をはじめ職務内容が大きく変わることはありません。勤務延長が終了するときに、退職金が支払われます。他方、「再雇用制度」とは、定年到達者をいったん退職させ（退職金も支払い）、新たな労働契約で雇用する制度をいいます。そのため、雇用形態や労働条件が変更されるのが一般的です。

　継続雇用制度というとき、ほとんどが「再雇用制度」を指すことが多く、嘱託社員として新たな労働条件で働くことが多いのが実情です。勤務延長では、定年前の労働条件で働くことができるため、働く人にとってモチベーションが保てることが大きなメリットですが、制度導入の有無は会社によります。勤務先の就業規則において、定年後の継続雇用制度がどのように規定されているか確認しておきましょう。

大企業では再雇用制度が中心

● 企業規模別 勤務延長制度、再雇用制度の割合

企業規模が大きくなるほど、「再雇用制度のみ」の割合が高くなっている!

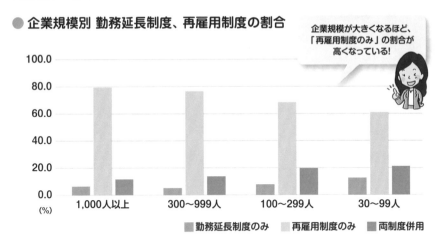

（出所：令和4年就労条件総合調査の概況／厚生労働省）

● 最高雇用年齢の変遷

最高雇用年齢は65歳が徐々に減り、66歳以上の割合が増えている

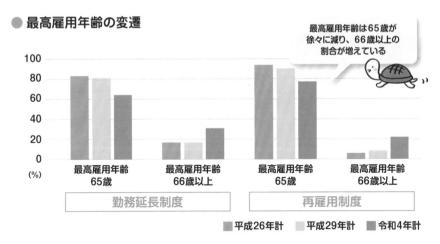

（出所：平成26年、令和4年就労条件総合調査の概況／厚生労働省）

10秒チェック!

継続勤務制度のうち、再雇用制度のみを導入している企業割合が多いのが実情です。 勤務先の制度を就業規則等で確認しましょう。

53

仕事

020 ①分 minute

今から 副業（複業）をしておくべき？

副業は
アルバイト感覚では
いけません……

　定年を見据えて、今から副業をしておくべきか、考える人もいるのではないでしょうか。近年、厚生労働省は「副業・兼業の促進に関するガイドライン」を出すなど、多様な働き方の促進に力を入れており、「副業・兼業」のほか、複業、パラレルワーク、ダブルワークなどさまざまな言葉が広がっています（以下、「副業」としてまとめます）。

　副業の目的として「収入アップ」を掲げる人は多いですが、定年予備軍の50代となれば、これからのキャリアにつなげる、という視点で考えてみてはいかがでしょうか。人生100年時代、長く働いていくことを考えれば、定年を気にせず仕事ができる独立・起業という選択肢も十分に考えられます。とはいえ、いきなり会社を辞めて起業するのはリスクが高いもの。そこで、在職中からこれまでのキャリアを活かせる、あるいは興味ある分野で副業をしてみるのは、現実的なステップといえます。

　好きなこと・得意なことを教える仕事や、人の悩みを解決するコンサルティング、コーチングなど、経験やスキルをシェアする副業にトライすることで、継続的な収入と単価アップを目指すことが可能となるかもしれません。

次のキャリアにつなげるのがこれからの副業

● 副業の目的（複数回答あり）

- 116人・・・収入アップ
- 71人・・・空き時間の有効活用
- 47人・・・老後の資金のため
- 25人・・・趣味を活かせる
- 22人・・・定年後の働き方へのステップとして
- 17人・・・本職以外の仕事を経験したい
- 14人・・・自己実現のため
- 11人・・・独立（フリーランス、起業）への準備
- 6人・・・社会貢献のため
- 6人・・・本職でのスキルを活かせる
- 4人・・・新たな人間関係の構築のため
- 3人・・・本職のスキル向上のため

0　　20　　40　　60　　80　　100　　120

「収入アップ」「空き時間の有効活用」「老後の資金のため」が大半を占める

（出所：定年予備軍（50代）の副業実態調査／株式会社マーケティングフルサポート）

● 理想の働き方

理想の働き方は、「現在の本業を維持しながら副業も続ける」が6割超

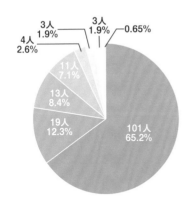

- 3人 1.9%
- 3人 1.9%
- 0.65%
- 4人 2.6%
- 11人 7.1%
- 13人 8.4%
- 19人 12.3%
- 101人 65.2%

- 現在の本業を維持しながら副業も続ける
- 副業を伸ばしてフリーランスになる（個人事業主）
- 本業はリタイアし、副業を続ける
- 転職などでいずれは本業を変えながら副業を続ける
- 本業も副業もリタイアする
- 副業を伸ばして起業する（会社設立）
- 副業と関係なくフリーランスになる（個人事業主）
- 副業とは関係なく起業する（会社設立）

（出所：定年予備軍（50代）の副業実態調査／株式会社マーケティングフルサポート）

10秒チェック！

定年予備軍の50代なら、副業を次のキャリアにつなげるという視点が大事。これまでのキャリアを活かせる、あるいは興味ある分野で副業をしてみるのが現実的なステップです。

振り返りポイント

制度　仕事

021 ①分

SNSで副業がバレたという話も……

会社に内緒で副業はダメ？

「副業をするなら、会社に内緒で……」と思う気持ち、わからなくはありません。けれど、副業をする際は、まず勤務先の就業規則などで、副業を行うことが可能かどうか、どのような手続きが必要になるのか確認しましょう。近年は、国も副業・兼業の働き方を推進していることから、副業を解禁する企業も増えつつあります。

厚生労働省のモデル就業規則では、①労務提供上の支障がある場合、②企業秘密を漏洩する場合、③会社の名誉や信用を損なう行為や信頼関係を破壊する行為がある場合、④競業により、企業の利益を害する場合、には制限や禁止をできるとしています。この4つの事項は、特に気をつけたいものです。

会社に何ら断りもなく、副業を認めている企業はほとんどありません。もし、会社に内緒で副業を行い、その事実が明らかになったときは、就業規則に違反することとなり、懲戒処分を受けてしまうリスクがあります。そんなことになったら元も子もありません。

まずは勤務先における副業の方針を確認しましょう。一切認めない、という企業は時流から考えて少ないと思いますが、どうしても言い出しにくい場合や難しい場合は、収入を伴わないボランティア等で手始めにトライしてみる、というのも一案です。

勤務先の確認と届出で堂々と副業をする

● 副業にあたって会社から確認を受ける一般的事項

基本的な確認事項

①副業・兼業先の事業内容
②副業・兼業先で労働者が従事する業務内容
③労働時間通算の対象となるか否かの確認

> 副業・兼業を希望する場合は、まず、自身が勤めている会社の副業・兼業に関するルールを確認しましょう

労働時間通算の対象となる場合に確認する事項

④副業・兼業先との労働契約の締結日、期間
⑤副業・兼業先での所定労働日、所定労働時間、始業・終業時刻
⑥副業・兼業先での所定外労働の有無、見込み時間数、最大時間数
⑦副業・兼業先における実労働時間等の報告の手続
⑧これらの事項について確認を行う頻度

（出所：副業・兼業の促進に関するガイドライン／厚生労働省）

● 副業・兼業に関する届出様式例

> 副業・兼業先が決まったら、就業規則等に定められた方法にしたがい、会社に 副業・兼業の内容を届け出ましょう

ミニコラム　副業受け入れ企業も

　副業は新たな技術の開発やオープンイノベーションに有効であることなどから、専門的知識やスキルをもつ人材を中心に、副業の容認や受け入れが徐々に進んでいます。昨今の人材不足もあって、プロジェクト単位やスポットの業務委託など広がりを見せています。

（出所：副業・兼業の促進に関するガイドライン／厚生労働省）

◀◀◀ **10秒チェック！** ▶▶▶

振り返りポイント

副業をするときは、勤務先のルールを確認のうえ、きちんと届出をしましょう。基本的に確認を受ける内容は上記のようなものがあります。

制度　仕事

022 ①分 minute

「社員」より「個人」のほうが都合がいい？

副業するなら業務委託がいいってホント？

　副業をする場合、企業に雇用される形で行うもの（正社員やパート、アルバイトなど）、派遣会社に登録して派遣社員として行うもの、自ら起業して行うもの、請負や委任契約といった形で行うものなど、さまざまな形態が考えられます。大きく分けると、雇用されて働く（労働契約）か、雇用されずに働く（業務委託等）か、という違いです。

　副業を認めている企業では、業務委託契約など雇用によらない働き方が好まれる傾向にあります。それはひと言でいえば、労務管理をする必要がないから。労働契約で働く場合、それぞれの職場での「労働時間」を通算する必要があるため、副業の労働時間を把握したり、過重労働になっていないか気をつけたり、労働災害の対応等、目配りすることが多くなります。それに比べ、業務委託となれば「労働者」ではないので、副業にまつわる労務管理を行う必要はありません。そのため、業務委託契約で個人として働いてくれるほうが比較的都合がよいというわけです。

　ほかにも、企業側にとっては外部の専門家に依頼することで業務にかかる工数やコストを削減できるというメリットがあります。一方、業務委託に頼ると社内にノウハウが蓄積されないというデメリットも発生します。

業務委託の豆知識

● 委任契約と請負契約

「業務委託契約」とは法律上存在する言葉ではありません。
業務委託は、民法上で「委任契約・準委任契約」と「請負契約」とを広く総称する実務用語です。

契約の種類	どういう契約？	たとえば
委任契約	当事者の一方が法律行為をすることを相手方に委託し、相手方がこれを承諾することによって、その効力を生じる契約（民法643条）	税理士、弁護士、社会保険労務士などが法律に基づいて行う業務
準委任契約	当事者の一方が法律行為でない事務を相手方に委託し、相手方がこれを承諾することによってその効力を生じる契約（民法656条）	コンサルティング、営業代行、研修など、法律行為以外の業務
請負契約	当事者の一方がある仕事を完成することを約し、相手方がその仕事の結果に対してその報酬を支払うことを約することによって、その効力を生ずる契約（民法632条）	建物の設計・建築、物品・旅客の運送など仕事の完成が目的

委任（準委任）契約との大きな違いは、
請負契約が仕事の完成が義務となっていること

● 業務委託契約は指揮命令関係がない

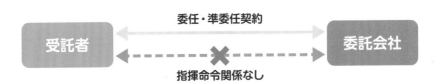

受託者　　委任・準委任契約　　委託会社

指揮命令関係なし

◀◀◀◀ 10秒チェック！ ▶▶▶▶

雇用契約が使用者からの指揮命令を受けるのに対し、業務委託契約では指揮命令関係はありません。契約の違いに注意しましょう。

振り返り
ポイント

59

仕事　お金

023 ①分 minute

収入よりも、将来への準備が肝心！

副業の収入ってどのくらい？

　副業では、どのくらいの収入を稼ぐことができるのでしょうか？　もちろん、何をするかによっても変わってきますが、ある民間調査では平均5万円程度という数字も。年代別では、20・30代よりも40代以上の平均が約6.5万円と高くなっています（出所は右頁）。

　副業解禁が進んでいる企業の業界としては、「旅行・宿泊・レジャー」「IT・通信」「人材サービス・アウトソーシング・コールセンター」など。逆に副業を禁止している企業が多いのは「金融」で、情報漏洩によるリスク回避から副業を禁止している企業が多いのかもしれません。

　実際問題として、「副業をする時間が取れない」という方も多いでしょう。しかし、定年後のキャリアを真剣に考えるなら、「準備がすべて」といっても過言ではありません。定期的な収入を得られる在職中に、これまでのキャリアを活かして、あるいはまったく別の仕事にトライする経験は、大きな学びになります。

　シニアの労働市場としては、現場仕事で一定のニーズがあります。これまでと畑違いの仕事であっても、自分がどこまでできるか試せるチャンスと前向きに捉えてみてはいかがでしょうか。お金も大切ですが、時間というのも人生における貴重なリソースです。

副業の収入・内容を把握しよう！

● 今、副業をしているか？

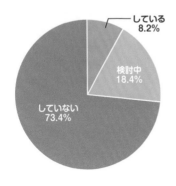

- している 8.2%
- 検討中 18.4%
- していない 73.4%

（出所：転職サービス「doda」「副業の実態調査」（2023.3）／パーソルキャリア株式会社）

● 副業月収の割合

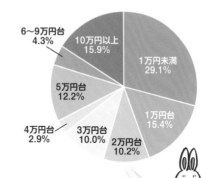

- 6～9万円台 4.3%
- 10万円以上 15.9%
- 1万円未満 29.1%
- 5万円台 12.2%
- 1万円台 15.4%
- 4万円台 2.9%
- 3万円台 10.0%
- 2万円台 10.2%

平均月収は約5.1万円、
年代別では20代・30代の平均が3.5万円、
40代以上は6.5万円

● 副業の内容

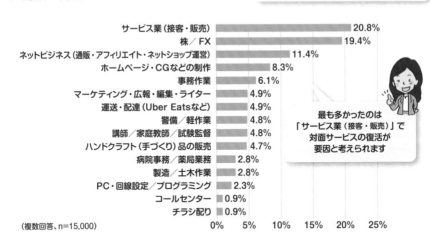

項目	割合
サービス業（接客・販売）	20.8%
株／FX	19.4%
ネットビジネス（通販・アフィリエイト・ネットショップ運営）	11.4%
ホームページ・CGなどの制作	8.3%
事務作業	6.1%
マーケティング・広報・編集・ライター	4.9%
運送・配達（Uber Eatsなど）	4.9%
警備／軽作業	4.8%
講師／家庭教師／試験監督	4.8%
ハンドクラフト（手づくり）品の販売	4.7%
病院事務／薬局業務	2.8%
製造／土木作業	2.8%
PC・回線設定／プログラミング	2.3%
コールセンター	0.9%
チラシ配り	0.9%

（複数回答、n=15,000）

最も多かったのは
「サービス業（接客・販売）」で
対面サービスの復活が
要因と考えられます

（出所：転職サービス「doda」「副業の実態調査」（2023.3）／パーソルキャリア株式会社）

10秒チェック！

振り返り
ポイント

定年後のキャリアを真剣に考えるには準備がすべて。在
職中にさまざまなトライをしてみてはいかがでしょうか。
「時間」はもっとも貴重なリソースです。

仕事

024 ⏱1minute

後ろ盾がなくなるからこそ、資格が有効なんですね

今から資格を取るなら何がいい？

　今や「学び直し」がビジネスパーソンにとって当たり前の時代。定年後を見据えて、学び直しを考えている方は多いのではないでしょうか。

　どうせ学ぶなら、資格を目標にしたいという方もいるでしょう。資格があれば安泰ということではありませんが、これから仕事に役立てたいとなれば、難易度の低い資格を選んでもあまり意味がありません。資格取得に挑戦するなら、専門性が高く、社会的ニーズがあり、社会的認知度・信頼性のある資格が有用といえるでしょう。これまでのキャリアと関連性が高ければなおベターです。資格には、国家資格、公的資格、民間資格の3種類があります。狙うなら、国家資格や公的資格が手堅いといえるでしょう。独立すれば、定年に関係なく働くことができます。

　定年後の再就職に有利で、独立開業も可能な資格として、たとえば「宅地建物取引士」や「マンション管理士」「社会保険労務士」「中小企業診断士」「行政書士」「ファイナンシャル・プランニング技能士（FP）」などが挙げられます。企業の人事労務でキャリアがある人なら、経験を活かしつつ社労士として独立開業も可能ですし、顧問として経営コンサルタントを目指すなら中小企業診断士の資格を持っているほうが断然信頼度が高まります。

信用度が高い国家資格、公的資格

● 3種類の資格とは？

国家資格	公的資格	民間資格
国の法律に基づいて、各分野における能力や知識が判定され、特定の職業に従事すると証明されるもの	官公庁等から後援や認定を受けている資格。国家資格に準じる信用度がある	公益法人・民間団体等が、それぞれ独自に定めた基準に基づき実施・認定する資格
宅地建物取引士、マンション管理士、社会保険労務士、中小企業診断士、社会福祉士、介護福祉士、調理師、電気主任技術者など	介護支援専門員（ケアマネージャー）、手話通訳士、ビル経営管理士、リテールマーケティング、消費生活アドバイザーなど	認定心理士、産業カウンセラー、日本語教育能力検定試験、メディカルクラーク、食育アドバイザー、簿記、終活アドバイザーなど

● 難易度別・資格一覧

難関資格 （難易度4〜5）	行政書士、社会保険労務士、司法書士、通関士、電験三種、気象予報士 など
中級資格 （難易度3〜3.5）	ファイナンシャルプランナー（FP）、宅地建物取引士（宅建士）、インテリアコーディネーター、保育士、秘書検定、ケアマネージャーなど
初級資格 （難易度2〜2.5）	医療事務、登録販売者、整理収納アドバイザー、マイクロソフトオフィススペシャリスト（MOS）、簿記3級、食生活アドバイザーなど
入門資格 （難易度1〜1.5）	調剤薬局事務、リンパケア、食育実践プランナー、アンガーマネジメント、薬膳コーディネーター、離乳食・幼児食コーディネーター、発酵食品ソムリエ、介護食コーディネーター、節約生活スペシャリストなど

（出所：難易度別・資格一覧／ユーキャンホームページ）

10秒チェック！

資格取得に際して大事なことは、あなた自身がその資格や資格を活かした仕事に興味を持てるかどうかということ。モチベーションを保つ秘訣ともいえます。

振り返り
ポイント

仕事

025 ⟳①分 minute

長く働けるのは どんな仕事？

高齢者のほうが
身体を動かす
仕事が多いんだ!?

　60代以降、事務職や専門・技術職で働く人の割合は大きく下がります。代わって高齢期に比率を伸ばす産業として就業者に占める高齢就業者の割合をみると、「農業、林業」が53.3％で最も高く、次いで「不動産業、物品賃貸業」が26.8％、「サービス業（他に分類されないもの）」が22.8％、「生活関連サービス業、娯楽業」が19.4％などとなっています。

　高齢者が活躍している仕事としては、不動産仲介やマンション・ビル等管理人、警備員、建設関係、タクシードライバーなどの輸送関係は男性のほうが多く、クリーニング店などの生活衛生関連サービスやスーパーなどの販売員、医療・福祉、宿泊業や飲食・サービスの仕事などは女性が多い傾向にあるといえます。

　お気づきのとおり、これらは現場での仕事です。デスクワーク中心の一般事務や管理職の求人は高齢期になると大幅に減る一方、現場仕事のニーズが高まる点に着目ください。決して仕事がないわけではなく、労働市場でミスマッチが起きているといえます。

　一方、法人・団体役員として長く働く高齢者も一定数います。また、上場企業の取締役や部長経験者として培われた知見や豊富な人脈、ノウハウを活用し「顧問」として業務委託等で働くシニアもいます。

高齢就業者のニーズが高まる現場の仕事

● 主な産業別高齢就業者数及び割合（2021年）

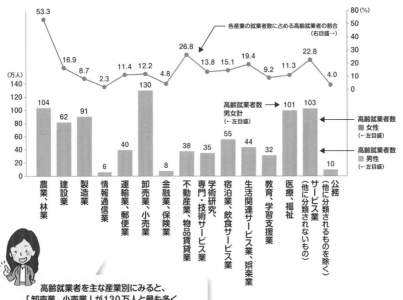

各産業の就業者数に占める高齢就業者の割合（右目盛→）

高齢就業者数
男女計
（←左目盛）

高齢就業者数
女性
（←左目盛）

高齢就業者数
男性
（←左目盛）

（出所：統計からみた我が国の高齢者—「敬老の日」にちなんで—／総務省統計局）

高齢就業者を主な産業別にみると、
「卸売業、小売業」が130万人と最も多く、
次いで「農業、林業」が104万人、
「サービス業（他に分類されないもの）」が103万人、
「医療、福祉」が101万人となっています

ミニコラム 収入の伴う仕事が生きがいにもつながる

　60歳以上の男女を対象にした内閣府の調査（高齢社会白書）によると、収入の伴う仕事をしている人のほうが、収入の伴う仕事をしていない人よりも、生きがいを「十分感じている」と回答した人の割合が高い結果に。歳を重ねても働くことはお金を稼ぐだけでなく、心身ともに健康を保つ秘訣ともいえます。

◀◀◀ 10秒チェック！ ▶▶▶

振り返り
ポイント

長く働き続けることができる業界はあり、高齢期に仕事がなくなるわけではありません。デスクワークばかりでなく、現場の仕事も視野に入れておきましょう。

仕事

026 ①分 minute

プロボノと
ボランティアの違いは？

　副業としてお金をもらって活動をするのは難しい方でも、ボランティアとして社外で経験値を積むことはできるのではないでしょうか。なかでも注目されているのが「プロボノ」です。語源はラテン語の「Pro Bono Publico」で「公共善のために」を意味する言葉。ビジネスパーソンが職業上のスキルや経験を活かして取り組む社会貢献活動を意味します。たとえば、弁護士が無料の法律相談を受けたり、デザイナーやコピーライターがNPO法人で広報活動を支援したり、さまざまな活動が考えられます。

　「ボランティア」との違いは、「プロボノ」がビジネスで培ってきたスキルや経験をより活かすこと。両者とも人に喜ばれると同時に社会の役にも立てるという点で、自らの存在意義を実感できる活動といえます。

　プロボノとしての活動先を見つける方法は大きく2つあります。1つは、プロボノ希望者とNPO・NGO団体等からの依頼をマッチングするサービスを利用すること。もう1つは、環境問題や食料問題など、あなた自身が関心を寄せる問題に対して社会的課題の解決を目指して活動しているNPO団体等に直接コンタクトを取ってみることです。募集している団体はウェブサイトにも告知をしているケースは多いので、一度チェックしてみては？

多くの専門スキルが求められている！

● NPO・NGO団体から求められるプロボノのスキル例

- 法務や契約など法律関係
- 会計・経理
- マーケティング
- 映像、デザイン制作
- Web構築・デザイン
- IT、PCスキル関係
- プログラミング
- 事業計画や戦略

- 広報、ブランディング
- Webライティング
- 行政対応
- メディア対応 など

自分の専門分野なので参加へのハードルが低く、
より効果的な社会貢献ができるのが特徴！

● マッチングサービス例

- **サービスグラント**
  国内で初めてプロボノマッチングサービスを開始したNPO団体
- **activo**
  国内における最大級のNPO・社会的企業のボランティア募集サイト
- **ShareWorks**
  自宅でできるクリエイティブ系の内容が多い
- **二枚目の名刺**
  幅広い職種でのマッチング。プロジェクトチーム単位で活動

`ミニコラム` **NGOとNPOの違いは？**

　NGOは「Non-Governmental Organization」の略称で「非政府組織」と訳されます。
一方、NPOは「Non-Profit Organization」の略称で「非営利組織」。いずれも営利目的
でない非政府の民間組織ですが、NGOは国外で活動する団体がよく使う傾向にあります。

◀◀◀ 10秒チェック！ ▶▶▶

振り返り
ポイント

ビジネスで培ってきたスキルや経験、ノウハウを社外で
活かせるチャンス！　新たな人脈が広がる可能性や、さら
なるスキルアップに！

仕事　お金

027 ①分 minute

そんなに働きたくないんだけど、経済事情が許さない……

いつまで働く？
働く理由もさまざま

　あなたは、いつまで働きたいと考えていますか？　高齢社会白書によれば、現在収入のある仕事をしている60歳以上の人については約4割が「働けるうちはいつまでも」働きたいと回答しており、70歳くらいまたはそれ以上との回答と合計すれば、約9割が高齢期にも高い就業意欲を持っている様子がうかがえます。

　働く理由として、生活を維持するための収入面を挙げる人は多いですが、そればかりではありません。社会とのつながりを持ち続けることや自分の知識・能力を活かせること、健康維持のためなど、さまざまな理由があります。年齢が上がるにつれて、フルタイムで働く人は減り、体力的に無理のない範囲で自分のペースで働く人が増えていきます。

　いつまでも現役時代と同じように働こうと考えると厳しいものに思えるかもしれません。けれど、年金や貯蓄などの老後資金をベースに持続可能な働き方へシフトすれば、むしろ働くことで生活に張り合いが持てるのではないでしょうか。

　近年「社会的処方」という言葉が注目されているように、地域社会や他者との交流によって心身の健康を得ることの重要性が高まっています。定年後も仕事を続けることで、社会との関わりも増えます。

「お金」か「社会とのつながり」か？

● あなたは、何歳ごろまで収入を伴う仕事をしたいですか？

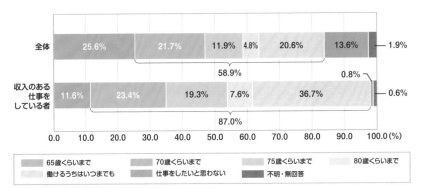

	65歳くらいまで	70歳くらいまで	75歳くらいまで	80歳くらいまで
	働けるうちはいつまでも	仕事をしたいと思わない	不明・無回答	

資料：内閣府「高齢者の経済生活に関する調査」（令和元年度）
（注1）調査対象は、全国の60歳以上の男女　（注2）四捨五入の関係で、足し合わせても100.0%にならない場合がある。

（出所：令和４年版高齢社会白書／内閣府）

● 定年後も働く理由（複数回答）

社会とのつながりを持ち続けたい	60.4%
自分や家族の今の生活資金のため	57.6%
趣味や娯楽を楽しむ資金のため	43.1%
自分や家族の将来の生活資金のため	43.1%
社会に貢献したい	27.6%
働くことがすきだから	24.7%
自分や家族の介護資金のため	13.1%
他にすることがないから	7.1%
子供の教育資金のため	3.5%
その他	6.4%

「社会とのつながり」と
「お金のため」が上位を占めるが、
お金を切り離して考えるのは難しい

（出所：定年後の働き方に関する意識と実態調査結果／朝日新聞）

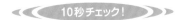

◀◀◀ 10秒チェック！ ▶▶▶

高齢期にも高い就業意欲を持っている人が約９割！現役
時代と同じように働くよりも、持続可能な働き方へのシ
フトも視野に入れましょう。

繰り返し
ポイント

定年前後に関するコラム
その2

シニア留学に熱視線、長年の夢を叶えるために

　定年退職後の選択肢は人それぞれ。再雇用で働く人が多い中、長年の夢を叶えるためにあえて仕事から離れる人もいます。その1つとして秘かに注目されているのが、シニア留学です。海外旅行も魅力的ですが、旅行で観光スポットめぐりをするのと、現地で生活してみることは、大きく違った体験が味わえるはず。また、永住するのとは違ってハードルもそれほど高くはありません。

　「若いうちからずっと海外で暮らしてみたかった」「大好きな国の文化や生活に触れてみたい」「インバウンドの手助けがしたい」「ボランティアやキャリア形成に役立てたい」など、シニア留学の動機はさまざま。お子さんがいる方も、定年を迎える頃には独立し、残りの人生は自分自身と向き合い好きなことをしてみたい、という方も少なくないでしょう。

　シニア留学における不安として挙げられるのは、留学中の健康面での悪化や留学先の治安、食事、クラスメートやホームステイ先とうまくやっていけるかといったこと。こうした不安を解消するために、シニア向けの留学を手掛けるエージェントも最近では人気のようです。

　現役で仕事をしている間に数か月の休みを取ることは、普通はなかなかできないもの。かといって、休職してまで留学するのも現実的には難しいものです。友人は「推し」のグループが活動する韓国への留学を夢見て、毎日コツコツと韓国語を学んでいます。それが今の仕事や生活の張り合いにもなっているといいます。

　かつて留学と言えば、20代の若者が行くものだと思われていたことでしょう。50代のうちに、あるいは定年という1つの区切りに、留学という形で長年の願いを実践するのは、人生100年時代ならではの選択肢といえるのではないでしょうか。

人生
風の向くまま
気の向くままよ

第3章

1分でわかる！
定年前に
知っておきたいルール

定年の前と後では、働き方や労働条件が変化するのは一般的なこと。
再雇用で同じ会社に働き続ける以外の
選択肢についても考えておきたいものです。
新たな契約を結ぶ前に知っておきたいワークルールの基礎知識を
おさえておきましょう。

制度　仕事　　　　　　　　退職

昨日と同じ仕事なのに、収入が4割も下がった……

異議あり！

028 （1分 minute）

定年で労働条件が
リセットされるってホント？

　「定年」とは、労働者が一定の年齢に達したことを退職の理由とする制度。企業が定年を定める場合は、60歳を下回ることはできず、定年年齢を60歳と定めている企業は多数派です。定年を65歳未満と定めている企業では、65歳までの高年齢者雇用確保措置が義務付けられており、今や多くの方たちが定年後も継続雇用を希望して働いています。

　そこで気になるのが、給与をはじめとする労働条件ではないでしょうか。定年後、同じ会社で再雇用される場合、それまでの労働条件はリセットされ、新たな労働契約を結ぶことになります。これは合法であり、多くは「嘱託社員」として、有期労働契約で働くことに。

　現役時代と比べ責任の度合いや仕事内容などから、およそ9割の人が給与が下がっている状況がうかがえます。定年前とほぼ同様の業務を行っていながら、給与だけ引き下げられるケースも。同一企業内における正規雇用労働者と非正規雇用労働者との間の不合理な待遇差の解消を掲げる「同一労働同一賃金」がさらに進むことを期待したいところです。

　新たな労働契約を締結するに当たり、希望の給与額について交渉することは可能です。労働条件について、自分が会社に貢献できることなどアピールしたうえで、給与交渉をしてみることを検討してみましょう。

再雇用では年収4割減も当たり前！

● 定年後再雇用者の年収・職務の変化

定年後再雇用で年収は平均44.3%減。
50%より下がった人も27.6%もいる一方、
ほとんど変わらない人や
定年前より上がった人もいる

定年後再雇用者の年収の変化（n=591）

定年前より上がった	2.2
定年前とほとんど変わらなかった	8.0
10%程度下がった	4.4
20%程度下がった	6.3
30%程度下がった	14.0
40%程度下がった	12.9
50%程度下がった	22.5
50%より下がった	27.6
答えたくない	2.2

（単位：%）　0.0　10.0　20.0　30.0

平均
44.3%
低下

定年後再雇用者の職務の変化（n=591）

	定年前とほぼ同様の職務	定年前と同様の職務だが業務範囲・責任が縮小	定年前と関連するが異なる職務	定年前とは全く異なる職務
再雇用者全体（n=591）	55.0	27.9	8.1	9.0
フルタイム（n=375）	56.3	27.5	7.7	8.5
パートタイム（n=94）	55.3	31.9	6.4	6.4
嘱託（n=122）	50.8	26.2	10.7	12.3

（単位：%）　0　20　40　60　80　100

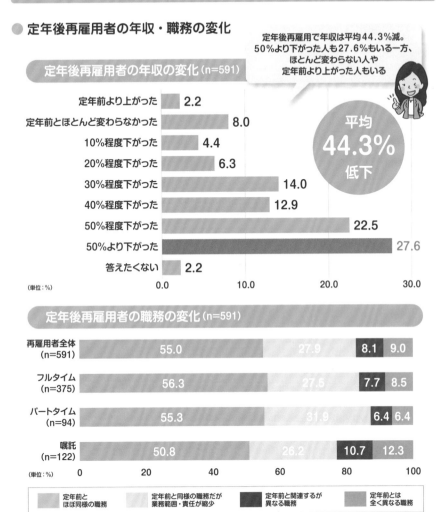

（出所：シニア従業員とその同僚の就労意識に関する定量調査／パーソル総合研究所）

10秒チェック！

再雇用によって労働条件はリセットされ、給与が下がる
ケースがほとんど。学び直しなどでアピールポイントを
増やせるようにしておきましょう。

振り返り
ポイント

73

制度　　年金　　退職

029 ①分 minute

就業規則を
ちゃんと守らないと
再雇用されないのは
当然かもね

定年後に再雇用を拒否されることもあるの？

定年年齢が60歳の会社でも希望すれば65歳までは働くことができるわけですが、会社から再雇用を拒否される場合もあるのでしょうか？

高年齢者雇用安定法が2013年4月1日に改正される前まで、企業は再雇用の対象とする従業員を事前に定めた基準で選別することが許されていました。改正前の法律に基づいて、再雇用対象者の選別基準を労使協定で定めていた企業においては、経過措置により2025年3月31日までその基準を適用することができます。そのため、基準に合致しなければ再雇用が認められない場合もあり得るのです。ただし、老齢厚生年金の報酬比例部分の支給開始年齢以上の人に限られます。

これ以外に、会社が定年後の再雇用拒否について、適法となるケースがあります。それは、解雇事由または退職事由（年齢に係るものを除く）に該当する場合。法律上、解雇はよほどの事情がないと認められないため、「正当な解雇事由」とは相当ハードルが高いものになりますが、該当する場合、企業は再雇用拒否も可能になります。

定年後の再雇用にあたっては、定年前と同じ労働条件を義務付けているわけではないため、会社が提示する合理的な労働条件が受け入れられず従業員が拒否した場合、継続雇用されないことは違法ではありません。

就業規則で解雇事由や退職事由の確認を！

● 継続雇用制度の原則と例外

【定年を65歳未満に定めている企業で続雇用制度を導入している場合】

原則：**65歳までは希望者全員が対象**

例外：**解雇事由または退職事由**（年齢に係るものを除く）**に該当する場合**
　　　→客観的に合理的な理由があり、社会通念上相当であれば再雇用拒否もあり得る

● 継続雇用しないことができる理由

　「心身の故障のため業務に堪えられないと認められること、勤務状況が著しく不良で引き続き従業員としての職責を果たし得ないこと等就業規則に定める解雇事由又は退職事由（年齢に係るものを除く）に該当する場合には、継続雇用しないことができる。就業規則に定める解雇事由又は退職事由と同一の事由を、継続雇用しないことができる事由として、解雇や退職の規定とは別に、就業規則に定めることもできる。（略）ただし、継続雇用しないことについては、客観的に合理的な理由があり、社会通念上相当であることが求められると考えられることに留意する」

（出所：高年齢者雇用確保措置の実施及び運用に関する指針／平成24年11月9日厚生労働省告示第560号）

● 再雇用を希望する場合にやっておきたいこと

1. 就業規則を確認しておくこと
2. 定年前の成績に気をつけておくこと
3. 定年前の健康状態に気をつけておくこと
4. 早めに書面などで希望を出しておくこと
5. 会社とのやり取りを記録しておくこと

5つのことを
しっかり押さえておこう！

◀◀◀ 10秒チェック！ ▶▶▶

振り返り
ポイント

原則としては希望すれば65歳まで働くことができますが、場合によっては再雇用されないケースがあることも覚えておきましょう。再雇用しないことができる事由については、事前に就業規則で確認しておきましょう。

制度　　お金

030 ①分 minute

最低賃金って知ってる？

都道府県によって二〇〇円以上差がでることも？

　定年後の再雇用で給与が下がるというのはよく耳にする話ですが、会社が絶対に守らなければならないことがあります。それは、最低賃金制度。最低賃金法に基づき、国が賃金の最低限度を定めており、使用者はその最低賃金額以上の賃金を支払わなければなりません。仮に最低賃金額より低い賃金を労働者、使用者双方の合意の上で定めても、それは法律によって無効とされ、最低賃金額と同額の定めをしたものとされます。

　最低賃金には、都道府県ごとに定められた「地域別最低賃金」と特定の産業を対象に定められた「特定最低賃金」の2種類があります。特定最低賃金は、地域別最低賃金より高い金額水準で、全国で226件の最低賃金が定められています（2023年3月31日時点現在）。両方の最低賃金が同時に適用される場合は、高いほうの最低賃金以上の賃金を支払うことが使用者に義務付けられています。

　地域別最低賃金は、審議会の意見を聞いて毎年10月頃に改定されます。なお、派遣労働者には、派遣元の事業場の所在地にかかわらず、派遣先の最低賃金が適用されます。そのため、派遣会社の使用者と派遣される労働者は、派遣先の事業場に適用される最低賃金を把握しておく必要があります。

意外と知らない最低賃金の話

● 最低賃金には2種類ある

地域別最低賃金	特定最低賃金
パートタイマー、アルバイト、臨時、嘱託など雇用形態や呼称に関係なく、セーフティネットとして各都道府県内の事業場で働くすべての労働者とその使用者に適用される	特定の産業の基幹的労働者とその使用者に対して適用される（18歳未満又は65歳以上の方、雇入れ後一定期間未満の技能習得中の方、その他当該産業に特有の軽易な業務に従事する方などには適用されない）

● 最低賃金を守らない使用者には罰則も

　使用者が労働者に最低賃金未満の賃金しか支払っていない場合、使用者は労働者に対してその差額を支払わなくてはなりません。

　地域別最低賃金額以上の賃金額を支払わない場合には、最低賃金法に罰則（50万円以下の罰金）が定められています。なお、特定（産業別）最低賃金額以上の賃金額を支払わない場合には、労働基準法に罰則（30万円以下の罰金）が定められています。

● 派遣労働者は派遣先の最低賃金が適用される

派遣先が他地域の例

派遣元		派遣先

A県
A県最低賃金（936円）
→ 派遣労働者 →

B県
B県最低賃金（1,008円）
→ 派遣労働者 →

C府
C府最低賃金
（1,064円）

派遣先のC府の最低賃金（1,064円）が適用されます

（出所：厚生労働省ホームページをもとに著者作成）

◀◀◀ 10秒チェック！ ▶▶▶

事業所の所在地の最低賃金は必ずチェックしましょう。ちなみに東京都の最低賃金は1,113円（2023年10月1日時点）。フルタイムで月160時間働いた場合、給与は17万8,080円になります。

制度　仕事

031 ①分 minute

雇用契約書で チェックしたいポイントは？

先のみえない仕事だから
きちんと契約を
把握しておくのが肝心！

雇用を守れ！

これまでほとんど転職をしたことがないまま定年を迎える方にとって、雇用契約書はあまり馴染みのないものかもしれません。しかし、定年後に再雇用で働く場合、あるいは転職される場合においても、どのような労働条件で働くことになるかはとても大事なこと。こうした労働条件の要所が記載されているのが雇用契約書（労働条件通知書）なのです。

労働基準法第15条第1項には、「使用者は、労働契約の締結に際し、労働者に対して賃金、労働時間その他の労働条件を明示しなければならない」と規定されています。書面の交付で明示されるべき事項が法律で決まっていますので、必ず内容を確認しましょう。

嘱託契約の場合、特に注意したいポイントが「労働契約の期間」の事項。嘱託社員は有期労働契約となることがほとんどです。労働契約の期間をはじめ、契約更新の有無、更新の判断基準は必ずチェックしましょう。さらに、2024年4月1日からは労働条件明示のルールが変わり、更新上限（通算契約期間または更新回数の上限）の有無と内容について明示することが義務付けられました。最初の労働契約の締結よりあとに更新上限を新設・短縮する場合、その理由を労働者にあらかじめ説明することも必要になります。「無期転換ルール」もあわせて確認してください。

労働条件を確認することは大切です

● 明示義務のある事項とは？

書面の交付による明示事項	口頭の明示でもよい事項
（1）労働契約の期間 （2）期間の定めのある労働契約を更新する場合の基準 （3）就業の場所及び従業する業務の内容 （4）始業・終業時刻、所定労働時間を超える労働の有無、休憩時間、休日、休暇、交替制勤務をさせる場合は就業時転換に関する事項 （5）賃金の決定、計算・支払方法、賃金の締切り・支払の時期に関する事項 （6）退職に関する事項（解雇の事由を含む）	（7）昇給に関する事項 （8）退職手当の定めが適用される労働者の範囲、退職手当の決定、計算・支払の方法、支払時期に関する事項 （9）臨時に支払われる賃金、賞与などに関する事項 （10）労働者に負担させる食費、作業用品その他に関する事項 （11）安全・衛生に関する事項 （12）職業訓練に関する事項 （13）災害補償、業務外の傷病扶助に関する事項 （14）表彰、制裁に関する事項 （15）休職に関する事項

（1）〜（7）は必ず明示しなければならない事項で、（8）〜（15）は制度を設ける場合に明示しなければならない事項

※労働者が希望した場合でかつ、出力して書面を作成できる場合はFAX・メール・SNS等の電子媒体での明示も可

● 改正のポイント（2024年4月から）

有期契約労働者に対する明示事項等

更新上限の明示【労働基準法施行規則5条の改正】

有期労働契約の締結と契約更新のタイミングごとに、
更新上限（有期労働契約の通算契約期間または更新回数の上限）の有無と内容の明示が必要になります。

更新上限を新設・短縮する場合の説明【雇止め告示の改正】

下記の場合は、更新上限を新たに設ける、または短縮する理由を有期契約労働者にあらかじめ
（更新上限の新設・短縮をする前のタイミングで）説明することが必要になります。

- ❶ 最初の契約締結より後に更新上限を新たに設ける場合
- ❷ 最初の契約締結の際に設けていた更新上限を短縮する場合

（出所：厚生労働省パンフレット）

10秒チェック！

2024年4月から、すべての労働契約の締結と有期労働契約の更新のタイミングごとに、「雇い入れ直後」の就業場所・業務の内容に加え、これらの「変更の範囲」についても明示が必要になります。

制度　仕事　　　　　　　　　退職

032 (1分 minute)

無期転換ルールを知ってる？

高齢者が無期雇用に転換できない特例があるんですね

　定年後に再雇用などで働く場合、期間の定めのある労働契約で働くのが一般的です。そこでぜひおさえておきたいのが「無期転換ルール」です。

　無期転換ルールとは、同一の使用者（企業）との間で有期労働契約が5年を超えて更新された場合、嘱託社員など有期契約労働者からの申込みにより期間の定めのない労働契約（＝無期労働契約）に転換されるルールのこと。たとえば契約期間が1年の場合、5回目の更新後の1年間に無期転換の申込権が発生します。有期労働契約で働く人の雇止めの不安を解消するための制度で、申込みをすれば無期労働契約が成立します。

　では定年後も無期転換の申込みをすれば、ずっと働けるのでしょうか？もし可能となれば、自主的に辞めない限り、いくつになっても企業は雇用を続けなくてはなりません。

　そこで企業が高齢者の無期雇用に応じなくてもよい制度として、定年後引き続き雇用される有期雇用労働者等については、有期雇用特別措置法により都道府県労働局長の認定を受けることで、無期転換申込権が発生しないとする特例が設けられています。再雇用で働くときは、雇用契約書にこうした特例に関する記載があるかどうかチェックしましょう。

継続雇用の高齢者の特例に注意

● 無期転換ルールとは？

契約期間が1年の場合

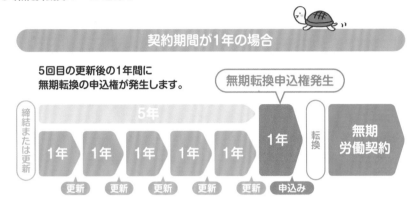

5回目の更新後の1年間に
無期転換の申込権が発生します。

無期転換申込権発生

締結または更新

5年

1年 1年 1年 1年 1年 → 1年 → 転換 → 無期労働契約

更新 更新 更新 更新 更新 申込み

（出所：厚生労働省ホームページ）

● 継続雇用の高齢者の特例

定年 ← 5年 →

無期労働契約 1年 1年 1年 1年 1年 1年 ・・・ 1年

← 無期転換申込権は発生しない →

※ただし、①他社（特殊関係事業主を除く）で退職（定年退職含む）したあと、嘱託等の有期労働契約で新たに雇用された場合、②同一の使用者との間で、当初より有期労働契約を締結している労働者についてはこの特例の対象となりません。

（出所：厚生労働省ホームページ）

振り返りポイント

10秒チェック！

定年に達したあと、引き続いて雇用される有期契約労働者には無期転換申込権が発生しない場合も。再雇用で働くときは、契約内容を確認しましょう。

制度　仕事

033

1分 minute

言った言わないはトラブルのもと！

業務委託契約で働くときに気をつけたいことは？

フリーランスや個人事業主として業務委託の形で働く場合、はじめに業務委託契約の内容を書面で確認しておくことが大切です。

2023年5月には「特定受託事業者に係る取引の適正化等に関する法律」（通称「フリーランス法」）が公布されました（2024年11月に施行）。個人や一人会社で従業員を雇わず業務委託を受けるフリーランスを「特定受託事業者」とし、業務委託を発注する事業者には、契約条件を書面や磁気的方法で明示することなど義務付けています。業務委託契約で取引をする際は、業務内容、報酬額、支払期日などの条件をはじめ、秘密保持や損害賠償、契約の解除など一方的にこちら側が不利になるような条項が含まれていないかチェックしましょう。

契約の種類としてはコンサルティング業務などに多い毎月定額型のほか、営業の受注獲得件数に応じて報酬が発生する成果報酬型や稼働時間に応じた時給計算型などさまざまです。

業務委託契約では基本的に働く環境は自由です。委託者側が受託者側に対して直接指示を行うと、偽装請負と判断されることがあるので要注意。労働契約のように業務の遂行方法などに強い拘束を受けることがないか、本来の業務委託契約であるかどうかもきちんと確認しましょう。

● 書面などで契約内容の確認を行っていないケースも少なくない

フリーランスとしての業務を受注する際の業務内容や条件、権利・義務等の発注者との確認や合意方法についてどの程度行っているか（単一回答形式）

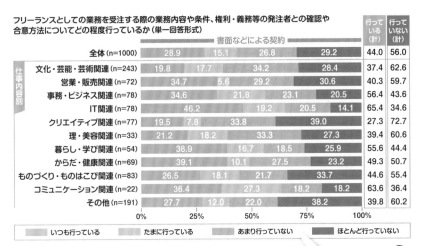

	書面などによる契約				行っている（計）	行っていない（計）
全体 (n=1000)	28.9	15.1	26.8	29.2	44.0	56.0
文化・芸能・芸術関連 (n=243)	19.8	17.7	34.2	28.4	37.4	62.6
営業・販売関連 (n=72)	34.7	5.6	29.2	30.6	40.3	59.7
事務・ビジネス関連 (n=78)	34.6	21.8	23.1	20.5	56.4	43.6
IT関連 (n=78)	46.2	19.2	20.5	14.1	65.4	34.6
クリエイティブ関連 (n=77)	19.5	7.8	33.8	39.0	27.3	72.7
理・美容関連 (n=33)	21.2	18.2	33.3	27.3	39.4	60.6
暮らし・学び関連 (n=54)	38.9	16.7	18.5	25.9	55.6	44.4
からだ・健康関連 (n=69)	39.1	10.1	27.5	23.2	49.3	50.7
ものづくり・ものはこび関連 (n=83)	26.5	18.1	21.7	33.7	44.6	55.4
コミュニケーション関連 (n=22)	36.4	27.3	18.2	18.2	63.6	36.4
その他 (n=191)	27.7	12.0	22.0	38.2	39.8	60.2

（仕事内容別）

凡例： いつも行っている ／ たまに行っている ／ あまり行っていない ／ ほとんど行っていない

（出所：フリーランスの契約に関する調査2023／日本労働組合総連合会）

クリエイティブ関連で
書面などによる契約を
行っているケースが少ない

● 契約のトラブルで困ったときは無料相談窓口を活用

フリーランス・個人事業主の方が、契約上・仕事上のトラブルについて弁護士に無料で相談できる相談窓口「フリーランス・トラブル110番」が設置されています。

https://freelance110.jp/

（出所：フリーランス・トラブル110番ホームページ）

◀◀◀ 10秒チェック！ ▶▶▶

業務委託を発注する事業者は、今後契約条件を書面等で明示することが義務に。取引時には必ず内容を確認しましょう。

振り返りポイント

制度　　お金　年金　保険　退職

034 ①分 minute

「自己都合」って
意外と不利なんだね……

定年前に仕事を
辞めるときの注意点は？

　定年まで待たずに、少しでも早く次のステップに進んでおこうと仕事を辞める方もいます。あるいは、親の介護のため、また体力面における不安、やりたいことをしてみるなどさまざまな理由から仕事を辞める方もいるかもしれません。このとき注意したいのは、お金に関すること。

　まずは退職金です。自らの事情で退職する場合は「自己都合退職」となり、定年退職と比べて在籍期間が短くなるうえに給付率も下がることが多いため、給付額が減ってしまうことを理解しておく必要があります。

　失業手当（＝基本手当）についても気をつけたいことがあります。仕事を辞めてから再就職先を探す場合、定年退職と比べ、失業手当はすぐに支給されない場合がほとんど。そのため、余裕をもって当面の生活資金を準備しておくことが大切になります。

　再就職しない場合、厚生年金の受取額も減ってしまいます。再就職ができたとしても、給与が下がれば厚生年金の額も定年退職まで勤務しているより下がってしまいます。

　定年前に仕事を辞めるのも人生における選択肢のひとつ。自由に決めてよいと思いますが、お金に関することと、その先の人生プランについては辞める前にしっかりと考えておきましょう。

定年前に仕事を辞めるときはお金面をチェック

● 定年前に辞めることで気をつけたい3つのこと

退職金	失業手当（基本手当）	年金

● 翌年の住民税にも注意！

　住民税は、主に前年1月から12月までの所得に対して発生する「所得割」と住民が平等に負担する「均等割」から計算され、給与所得者は6月から翌年5月までの毎月の給与から特別徴収されます。退職しても前年分の所得に対して住民税が発生するので、再就職していない場合や前年より収入が減った場合、支払いの負担は思ったより大きく感じられるのでご注意ください。

　住民税は市区町村から送付される納税通知書で年4回に分けて納める必要があります（普通徴収といいます）。

退職金がもらえるタイミングと
金額の違いに気をつけよう！

● 失業手当の給付制限の違いに注意！

- 定年退職の場合：待期期間（申請日から7日間）➡ 支給
- 自己都合退職の場合：待期期間（申請日から7日間）＋ 給付制限（原則2か月）➡ 支給
  （注）正当な理由のある自己都合退職では給付制限がなくなる

「正当な理由のある自己都合退職」の例
　体力の不足や疾病、視力・聴力の減退等のため、両親の死亡や疾病・介護のため、育児のため など

● 転職しない場合は国民年金の支払いを忘れずに！

○国民年金に加入すべき対象者

日本国内に在住	＋	20歳〜60歳までの人	➡	月額16,520円（2023年度）

※日本国内に住んでいる20歳から60歳までの人は、すべて国民年金に加入することになっています。

10秒チェック！

仕事を辞めても60歳までは国民年金の加入義務があります。60歳を過ぎても40年間の納付済期間がない人は、「任意加入」をすることで年金額のアップがねらえます！

制度　仕事

035 ⏱1分 minute

そこがポイント

自分の「時間」を売るのか
仕事の「成果」を売るのか
の違いですね

雇われる働き方、
雇われない働き方の違いは？

　働き方には、組織に属する「雇われる働き方」と、独立・起業による「雇われない働き方」に大別できます。特に定年まで企業に属して働いていた方にとって、次にどちらの働き方を選んでいくのか、じっくりと考えるのは重要です。というのも、両者には大きな違いがあり、お金の稼ぎ方や社会保険の考え方なども異なるからです。

　雇われる働き方の代表格は「正社員」ですが、定年後は「嘱託社員」や「契約社員」など、有期の労働契約になるのが一般的。給与の受け取り方は、時給や月給日給制に変わることもあるかもしれませんが、労務を提供する代わりに給与を受け取る労働契約という点では同じです。最低賃金法に守られているため、1時間働くと成果の有無にかかわらず給与がもらえます。その点、どのくらいの労働をすればいくら稼げる、というのがわかりやすく、生計を立てやすいといえます。

　一方、「個人事業主」や「フリーランス」など、雇われない働き方とは、自分自身でビジネスを生み出すということです。自ら営業して、受注、業務等を行います。収入自体が不安定ともいえますが、定年がないというメリットはあります。近年、その両者を掛け合わせたハイブリッド型で複数の収入源を得る働き方も注目されています。

ハイブリッド型の働き方にも注目！

● 定年後のさまざまなワークスタイル

雇われる働き方	嘱託社員、契約社員、正社員、短時間正社員、派遣社員、アルバイト、パートタイマー など
雇われない働き方	フリーランス、個人事業主、経営者、起業家など
ハイブリッド型 （複業、パラレルワーク）	嘱託社員×フリーランス、契約社員×個人事業主、派遣×アルバイト×フリーランス、パート×嘱託社員 など

● 55歳以上の就業状況

ハイブリッド型には、雇用×雇用・雇用×雇用以外など
さまざまなワークスタイルがある

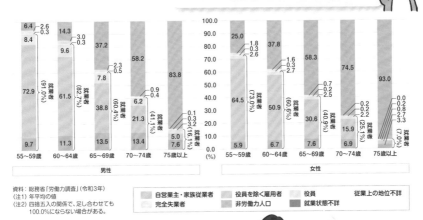

資料：総務省「労働力調査」（令和3年）
(注1) 年平均の値
(注2) 四捨五入の関係で、足し合わせても100.0％にならない場合がある。

（出所：令和4年版高齢社会白書／内閣府）

凡例：
自営業主・家族従業者 ／ 役員を除く雇用者 ／ 役員 ／ 従業上の地位不詳
完全失業者 ／ 非労働力人口 ／ 就業状態不詳

60代後半になると
雇用者は減少し自営業が微増

ミニコラム　0→1が一番のハードル

これまで会社員として長年働いてきた人は、お金を稼ぐ手段が労働収入主体です。もちろん給与を稼ぐことは楽なことではありませんが、自分自身で生み出した商品やサービスなどでお金を稼ぐのは別の意味で厳しい世界。まったく何もないゼロの状態から、自分で市場を生み出すのは一番ハードルが高いですが、会社員時代に一度経験しておくと、次のステップに進むヒントにつながるかもしれません。

10秒チェック！

雇われる働き方も雇われない働き方もそれぞれに長短があります。大事なことは、どちらがあなたに向いているかということ。ハイブリッド型で複数の収入源を得る方法もあります。

振り返り
ポイント

制度　　　　　　　　　　　退職

036 ①分 minute

定年後も再雇用で働き続けたいときにすべきことは？

就業規則なんてみたことなかったな……

　定年年齢が65歳未満の会社では、65歳までの継続雇用（再雇用）制度が設けられているはずです。たとえば、60歳定年で引き続き継続雇用制度を利用して働くことを希望している場合、まず確認すべきは就業規則における定年に関する条文です。原則として希望者全員を対象に65歳まで継続雇用される規定があること確かめておきましょう。そのうえ、いつまでに申出をするか規定されている場合はそれに従います。

　手続きに関しては、会社からしかるべき時期に継続雇用の意思確認があるはずです。概ね定年退職日の4〜5か月くらい前までに何も通知がない場合は、人事労務などの担当部門に問合せてみるとよいでしょう。

　継続雇用を希望する場合は、その旨を伝えたうえ、書面で申し出るのが一般的です。基本的に会社のほうで用意された様式で、会社が設定する期限までに申出書を提出します。面談において今後の労働条件や仕事内容などについて話し合い、労使双方において合意できれば、正式に再雇用が決定します。定年退職日の1か月前までには、一連の手続きが完了しているのが一般的といえます。

会社の就業規則をきちんと確認する！

● 定年前から再雇用までの流れ（例）

 会社から継続雇用の意思確認等

再雇用希望あり 労働条件など面談

合意成立 → 再雇用決定諸手続き

再雇用希望なし → 定年退職諸手続き

定年退職日の1か月までには手続きが完了！

65歳以降70歳までは就業確保措置が努力義務なので、会社が対象者の基準を設けることができる

● 就業規則の内容を事前に確認する

※定年を満60歳とし、その後希望者を継続雇用する例（満65歳以降は対象者基準あり）

（定年等）
第51条　労働者の定年は、満60歳とし、定年に達した日の属する月の末日をもって退職とする。

2　前項の規定にかかわらず、定年後も引き続き雇用されることを希望し、解雇事由又は退職事由に該当しない労働者については、満65歳までこれを継続雇用する。

3　前項の規定に基づく継続雇用の満了後に、引き続き雇用されることを希望し、解雇事由又は退職事由に該当しない労働者のうち、次の各号に掲げる基準のいずれにも該当する者については、満70歳までこれを継続雇用する。
　（1）過去○年間の人事考課が○以上である者
　（2）過去○年間の出勤率が○％以上である者
　（3）過去○年間の定期健康診断結果を産業医が判断し、業務上、支障がないと認められた者

（出所：厚生労働省「モデル就業規則」より一部抜粋）

10秒チェック！

会社から渡される労働条件通知書（雇用契約書）の内容についても、合意内容と相違ないかきちんと確認をしましょう。

振り返りポイント

037 (1)minute 分

まとめてもらうと
無駄遣いを
しそうだなぁ

退職金の受け取り方で手取りが変わるの？

　退職金の受け取り方には、一時金と年金の2つがあります。一時金の場合は、シンプルに一括で受け取れるわけですが、金額も大きいだけに気になるのは所得税や住民税など税金のこと。退職金の場合、給与と違って「退職所得控除」が利用できます。この控除額は、勤続年数によって変わってきます。勤続20年以下の場合は1年につき40万円、勤続20年超の部分は1年につき70万円ずつ増加します。退職所得控除が退職金よりも多い場合は、税金がかかりません。

　一方、年金で退職金を受け取る場合、10年、15年など一定の年数をかけて、少しずつ退職金を受け取ることができます。この場合、受け取っていない部分は一定の利率で会社が運用してくれるため、受け取る総額としては年金のほうが高くなります。ただし、年金で受け取ると、退職所得ではなく雑所得となるため、「退職所得控除」を利用することができません。毎年の公的年金などの収入を合算した額から「公的年金等控除」を差し引いた所得から税金を計算することになり、一時金の場合にはかからなかった社会保険料も発生します。所得が多くなるほど、税金や社会保険料がかかってくるので、ケースバイケースとはいえ、手取りベースで考えると、一時金でもらったほうが多くなるといえるでしょう。

会社の就業規則をきちんと確認する!

● 退職所得控除の計算式

$$\left(\begin{array}{c} \text{収入金額} \\ \text{(源泉徴収される前の金額)} \end{array} - \begin{array}{c} \text{退職所得} \\ \text{控除額} \end{array} \right) \times \frac{1}{2} = \begin{array}{c} \text{退職所得} \\ \text{の金額} \end{array}$$

● 退職所得控除とは?

退職金が1,500万円まで
なら非課税に!

退職所得控除は
勤続年数によって変わる!

○【計算例】勤続年数が30年の場合の退職所得控除額は?

800万円 +70万円 ×(勤続年数−20年)
＝800万円 +70万円 ×10年＝1,500万円

○ 退職所得控除の計算表

勤続年数（＝A）	退職所得控除額
20年以下	40万円×A（80万円に満たない場合には、80万円）
20年超	800万円+70万円×（A−20年）

（出所：国税庁ホームページ）

○「退職所得の受給に関する申告書」の提出を忘れずに!

提出しないと退職金等の支払金額の20.42％の所得税額と復興特別所得税額が源泉徴収されます。

ミニコラム 1日違いで70万円も変わる!?

　勤続年数に年未満の端数がある場合、切り上げて計算します。たとえば、勤続年数が25年と15日の場合、端数が1日でも切り上げることができるので26年となり、退職所得控除額が70万円アップします。退職日は基本的に就業規則で定められていますが、年未満の端数がある場合、会社に相談してみてもよいかもしれません。

10秒チェック!

　一時金でもらうと税金や社会保険料面からメリットがあります。一時金と年金を併用できる場合もあるので、退職金の目安額や受取方法については、事前に就業規則（退職金規程など）でチェックしましょう。

仕事　お金　保険

038 ①分

減った分を
補ってくれるのは
助かります！

OK

給与が下がると
給付金がもらえるってホント？

　60歳以降、収入減を補うために「高年齢雇用継続基本給付金」があります。これは雇用保険の加入期間が通算して5年以上ある被保険者を対象としたもの。60歳到達後も失業手当（基本手当）を受け取らず働く場合、60歳以降の賃金が60歳到達時点の賃金の75％未満に下がると、最大で各月の賃金の15％が支給されます。支給期間は60歳に達する月から65歳に達する月までとなります。

　たとえば、60歳時点の賃金が30万円で、60歳以後18万円になった場合、60％に低下したことになるので、1か月当たりの賃金18万円の15％に相当する額、つまり2万7,000円が支給されます。仮に60歳時点で雇用保険の加入期間が5年に満たない場合でも、雇用保険の加入を続けて5年の要件を満たせば、そこから65歳まで支給を受けることができます。

　しかし、2025年度に60歳となる人から、最大給付率が15％から10％に縮小され、その後は段階的に廃止する方向性が示されています（経過措置として2025年3月までに60歳になっている人や、すでに高年齢雇用継続基本給付金を受けている人は減額されません）。

「高年齢雇用継続給付」は2種類ある

● 高年齢雇用継続基本給付金と高年齢再就職給付金

給付の種類	高年齢雇用継続基本給付金	高年齢再就職給付金
支給条件	失業手当を受けずに働いている • 雇用保険の被保険者期間が5年以上ある • 60歳以上65歳未満の雇用保険の一般保険者 • 60歳以降の賃金が60歳到達時の75%未満に低下 • 再就職手当を受給していない	失業手当を受給し、支給残日数100日以上で再就職
支給期間	60歳に達する月から65歳に達する月まで（各歴月の初日から末日まで被保険者であることが必要）	失業手当の給付残日数 • 100日以上で最大1年間 • 200日以上で最大2年間 　最長で65歳に達する月まで
支給額	• 賃金月額が60歳到達時の61%以下 ➡ 賃金月額の15%相当額 • 賃金月額が60歳到達時の61%超75%未満 ➡ 一定割合で減額	

※高年齢再就職給付金については次項参照

● 上限額と下限額が毎年見直される

　高年齢雇用継続給付は、毎月勤労統計の平均定期給与額の増減をもとに、上限額と下限額が毎年8月1日に見直されます。2023年8月1日以後の額は以下のとおりです。

• 支給限度額：37万452円
• 支給対象月に支払いを受けた賃金の額が支給限度額（37万452円）以上であるときには、高年齢雇用継続給付は支給されません。また、支給対象月に支払いを受けた賃金額と高年齢雇用継続給付として算定された額の合計が支給限度額を超えるときは、支給限度額 －（支給対象月に支払われた賃金額）が支給額となります。
• 最低限度額：2,196円
　高年齢雇用継続給付として算定された額がこの額を超えない場合は、支給されません。

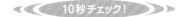

10秒チェック！

高年齢雇用継続給付は、雇用保険に加入していた人を支援する制度。2025年4月に60歳となる方から給付率が最大10%に縮小されます。

93

お金　　保険　退職

早く再就職すると給付金がもらえるかも

039 ⏱1分
minute

定年後に失業手当を
もらって再就職したら？

　定年後に継続して働くことを希望せず、再就職を目指すケースもあるでしょう。60歳以上65歳未満の人が失業手当（雇用保険の基本手当）を受けながら求職活動を行い、失業手当の残日数を100日以上残して再就職できた場合、「高年齢再就職給付金」をもらうことができます。ただし、再就職後の賃金が「失業手当の基準となった賃金日額×30」の75％未満に低下した場合に限られます。雇用保険の被保険者期間が5年以上あることも必要です。

　高年齢再就職給付金の支給期間は、失業手当の残日数が100日以上200日未満で「再就職の翌日から1年間」、200日以上なら「再就職の翌日から2年間」となります。受給期間内であっても、65歳を迎えた時点で打ち切られます。

　高年齢再就職給付金は、同じ再就職において「再就職手当」を受給した人は受け取れません。再就職手当とは、失業手当の受給日数を3分の1以上残して再就職した場合にもらえる給付金。どちらも再就職を支援するものですが、高年齢再就職給付金は再就職後の賃金が75％未満に下がった場合に限られます。これらは併給ができないため、失業手当の支給残日数や再就職後の給与を考慮して慎重に選ぶようにしましょう。

再就職できれば「高年齢再就職給付金」をもらえる可能性も

● 高年齢再就職給付金と再就職手当は併給できない

	高年齢再就職給付金	再就職手当
主な 支給要件	• 基本手当の支給残日数が100日以上 • 安定した職業に就職 • 被保険者期間5年以上 • 支給対象月の賃金額が75%未満に低下 など	• 基本手当の支給残日数が1/3以上 • 安定した職業に就職 • 離職前の事業主に雇用されたものではない • 求職申込前に採用が内定していた事業主に採用されたものではない など
支給額	支給対象月に支払われた賃金の最大15% ※一定上限あり	支給残日数分×基本手当日額×60%か70% ※一定上限あり
支給方法	原則2か月ごとに支給	一括支給

（出所：高年齢雇用継続給付の内容及び支給申請手続きについて／厚生労働省）

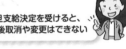

一旦支給決定を受けると、
その後取消や変更はできない

ミニコラム 60歳到達時っていつのこと？

　60歳到達時とは60歳の誕生日のことではありません。雇用保険法における年齢の計算は、すべて「年齢計算に関する法律」の原則に従い、誕生日の前日（起算日に応当する日の前日）の午前零時に、満年齢に達するものとして取り扱います。このため、60歳到達日とは、「60歳の誕生日の前日」を指します。

● 高年齢雇用継続給付の支給額の計算方法

60歳到達時の賃金月額※と比較した支給対象月に支払われた賃金額の低下率に応じた支給率を、支給対象月に支払われた賃金額に乗ずることにより計算します。

　　「低下率（%）」＝ 支給対象月に支払われた賃金額 ÷ 60歳到達時の賃金月額 × 100

※60歳に到達する前6か月間の総支給額（賞与は除く）を180で除した賃金日額の30日分の額。賃金月額の上限額は48万6,300円、下限額は8万2,380円（〜2024年7月末）。

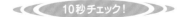

10秒チェック！

給与に対しては所得税や住民税がかかりますが、高年齢
雇用継続給付は課税の対象となりません。

95

制度

退職

040 (1分 minute)

有給休暇を使い切ってる人っているの？

定年後に年次有給休暇は持ち越せるの？

　定年退職後、引き続き同じ会社で嘱託社員として働く方は、結構多いと思います。このとき、定年退職日までに使いきれなかった年次有給休暇はどうなるのか気になりませんか？　定年によって、これまでの労働契約は終了し、再雇用で新たな労働契約を結ぶことになります。そうなると、年次有給休暇もリセットされると思われるかもしれません。ところが、労働基準法における年次有給休暇の取り扱いに関しては例外があります。

　年次有給休暇を付与する要件としては、「継続勤務」と「出勤率」があります。継続勤務とは在籍期間を指しますが、定年退職後に嘱託社員として再雇用されるのは、社内における身分の変更であり、実質的には労働関係が継続しているものと考えられます。よって、年次有給休暇については定年でリセットされることはありません。これは、定年するときに退職金をもらっている場合も含みます。

　ただし、定年退職後、再雇用までに相当の空白期間があり、客観的に労働関係が断絶していると認められる場合には通算されません。

　なお、未消化の年次有給休暇については、2年間の時効によって消滅するまで使うことができます。定年後の付与日数は、付与されるときの労働条件によって決まる点も覚えておきましょう。

年次有給休暇の基本的な考え方

● 年次有給休暇の発生要件

年休の 発生要件	＝	継続勤務 （入社6か月後、 その後1年ごと）	＋	全労働日の 8割以上の 出勤率

（注）年次有給休暇は、発生の日から2年間で時効により消滅します

● 年次有給休暇の付与日数

定年後に同じ会社で再雇用されるときは
残日数を持ち越せる！

（1）通常の労働者の付与日数

継続勤務年数（年）	0.5	1.5	2.5	3.5	4.5	5.5	6.5以上
付与日数（日）	10	11	12	14	16	18	20

（2）週所定労働日数が4日以下かつ週所定労働時間が30時間未満の労働者の付与日数

	週所定 労働日数	1年間の 所定労働日数※	継続勤務年数（年）						
			0.5	1.5	2.5	3.5	4.5	5.5	6.5以上
付与日数（日）	4日	169〜216日	7	8	9	10	12	13	15
	3日	121〜168日	5	6	6	8	9	10	11
	2日	73〜120日	3	4	4	5	6	6	7
	1日	48〜72日	1	2	2	2	3	3	3

※週以外の期間によって労働日数が定められている場合

ミニコラム 再就職する場合の年次有給休暇

　定年後に別の会社に週休2日で再就職する場合、入社6か月後に8割以上の出勤率を満たしていれば10日付与されます。会社によっては、入社時に付与する場合など、年次有給休暇がもらえるタイミングや日数が異なる場合があるので、再就職先の就業規則をチェックしましょう。

10秒チェック！

振り返り
ポイント

正社員から嘱託社員に変わったとしても、実質的に雇用関係が継続している場合は、定年時に残っていた年次有給休暇は引き継がれます。

お金　年金　保険　退職

041 ①分 minute

今年度の所得では
住民税が
払えません……

退職の翌年に
お金がかかるのはなぜ？

　在職中ばかりでなく、定年退職後も社会保険や所得税、住民税などの税金がかかります。特に気をつけたいのは、退職後1年目の住民税。再雇用などで働き続ける場合はともかく、定年後は仕事をせずにゆっくりしようと考えている場合は要注意です。というのも、住民税は前年1月から12月の所得から所得控除額を引いた課税所得に税率をかけて決まるため、人によっては高額になることもあるからです。仮に無収入の状態であっても、住民税は容赦なく発生します。そのため、定年後1年目の住民税を見越して生活設計を考えておくのが賢明と言えるでしょう。

　また、定年後にフリーランスや個人事業主として働く場合、社会保険料にも注意が必要です。退職すると、これまで会社で給与天引きされていた健康保険から、自分で国民健康保険などに加入する必要があります（詳しくは第6章070）。国民健康保険も前年度の所得から保険料が計算されるので、高額になる場合があります。一方、国民年金の加入義務は20歳以上60歳までですが、扶養する配偶者が60歳未満の場合、新たに国民年金保険料が発生します。さらに、ご自身が国民年金に「任意加入」すると、国民年金保険料がダブルでかかってくるので決して侮れません。働き方によっては、こうした支出があることも覚えておいてください。

住民税、国民健康保険は「前年度の所得等」で計算される

● 住民税の納付方法は2種類

特別徴収	普通徴収
1年間に支払う住民税を12分割した額を毎月の給与から天引きされ、会社が本人に代わって納税する。	個人払い。一括または分割で支払う方法がある。分割の場合、6月・8月・10月・1月の4期に分けて自治体に納付する。

定年後も会社で
再雇用・再就職して働く場合は特別徴収、
フリーランスは普通徴収に

ミニコラム 退職の時期と住民税

　住民税は前年1月から12月の所得から所得控除額を差し引いた額に対して課税され、6月から翌年5月までの1年間が支払い年度となります。年度の途中で退職する場合、「特別徴収」から「普通徴収」へ切り替わり、個人で納付することになりますが、1月以降に退職する場合は、原則として5月分まで最終給与等から一括徴収され会社が納付します。

● 60歳未満の被扶養配偶者がいるときは注意

退職後も引き続き
厚生年金に加入する場合

○配偶者が60歳未満で専業主婦/専業主夫の場合

定年後に再雇用・再就職 ➡ 第3号被保険者（年金・健康保険料は発生しない）

定年後にフリーランス・自営、無職 ➡ 第1号被保険者（国民年金・国保に加入し保険料発生）

● フリーランスは任意加入で国民年金の満額支給を目指すことも

　老齢基礎年金を65歳から満額でもらいたい人は、国民年金保険料を480か月（40年）納付する必要があります。40年に満たない人は、60〜65歳の間、国民年金へ任意加入して年金アップを目指すことも可能です。

◀◀◀ 10秒チェック！ ▶▶▶

会社に属して働く場合、健康保険や厚生年金保険の手続きは会社が行い保険料も給与天引きされますが、自営の場合は自分で保険や配偶者の手続きを行う必要があるので注意しましょう。

振り返り
ポイント

定年前後に関するコラム
その3

定年後、健康で幸せに暮らす秘訣とは？

「いつまでも健康で幸せな人生を送りたい」と思うのは世の常ですが、何かよい秘訣はあるのでしょうか？

この問いに関して有益な示唆を与えてくれるのが「ハーバード成人発達研究」です。1938年から調査が始まり、被験者をハーバード大学卒の男性たちとボストン育ちの貧しい男性たちのグループに分け追跡調査をしています。これほど長期間に及ぶ大規模な研究は世界でも例がありません。

研究で明らかになったことを一言でいえば、「私たちの人生をより幸福に、健康にするのはよい人間関係である」ということです。家族、友人、社会のコミュニティとつながっているほど、身体的な健康度が高く長生きで、幸福度も高かったというのです。逆に、孤独は有害であることがわかりました。

そして、定年後に最も幸せであった人は、仕事仲間に代わる新しい仲間を自ら進んで作った人だと言います。大事なことは人間関係の質であり、困ったときに助けてくれる、信頼できる人がいるということです。

あなたは、家庭や職場以外で信頼できる人はいますか？　家族だから親密で信頼できる関係だとは限りません。定年を迎えれば、それまでの地位や身分はなくなります。利害関係とは全く関係ないところで、いかに充実した人間関係を築いていくかは、私たち一人ひとりの大きなテーマといえます。

親密な関係性も大事である一方、ゆるやかなつながりも日々の暮らしには大事なもの。定年後も働き続けるのは生活資金のためという理由もありますが、生活のリズムを作り社会との接点を持ち続けたいという理由も大きいのです。

今のうちから、自宅でも職場でもないサードプレイスに、あなたの新しいコミュニティを作って交流を広げてみたらどうでしょう？　それは近所の飲食店かもしれませんし、習い事やボランティア活動かもしれません。あなたの興味・関心のあるところから、共通の知り合いが増えていくと、生活に楽しみが増えていくのではないでしょうか。

人も花も水やりが肝心なのよ

郵便はがき

料金受取人払郵便

豊島局承認

4482

差出有効期間
2025年10月
31日まで

●上記期限まで
切手不要です。

170-8790

333

東京都豊島区高田3-10-11

自由国民社

愛読者カード　係 行

住所	〒□□□-□□□□　都道府県　市郡(区)			
	アパート・マンション等、名称・部屋番号もお書きください。			
氏名	フリガナ	電話	市外局番　市内局番（　）番号	
		年齢	歳	
E-mail				

どちらでお求めいただけましたか？

書店名（　　　　　　　　　　　　　　　　　　　　）

インターネット　1．アマゾン　2．楽天　3．bookfan
4．自由国民社ホームページから
5．その他（　　　　　　　　　　　　　　　　　　　）

ご記入いただいたご住所等の個人情報は、自由国民社からの各種ご案内・連絡・お知らせにのみ利用いたします。いかなる第三者に個人情報を提供することはございません。

『**1日1分読むだけで身につく定年前後の働き方大全100**』を
ご購読いただき、誠にありがとうございました。
下記のアンケートにお答えいただければ幸いです。

- -

●**本書を、どのようにしてお知りになりましたか。**
　　□新聞広告で（紙名：　　　　　　　　　　新聞）
　　□書店で実物を見て(書店名：　　　　　　　　　　　　　)
　　□インターネットで(サイト名：　　　　　　　　　　　　)
　　□人にすすめられて　□その他(　　　　　　　　　　　)

●**本書のご感想をお聞かせください。**
　　※お客様のコメントを新聞広告等でご紹介してもよろしいですか？
　　（お名前は掲載いたしません）　□はい　□いいえ

- -

ご協力いただき、誠にありがとうございました。
お客様の個人情報ならびにご意見・ご感想を、
許可なく編集・営業資料以外に使用することはございません。

第**4**章

1分でわかる！
定年前後の仕事と
生活のリアル

会社員は定年を迎えた途端、いくつかの選択肢を突きつけられます。

継続雇用を希望するのか、

その道を選ばずまったく新しい環境で働くのか。

その選択によって定年後の人生はまったく異なることになります。

そんな「仕事」や「生活」のリアルについて解説します。

制度　仕事　　　　　　　　　退職

042 ①分
minute

定年時の
選択によって
その後の人生が
変わるんだね

定年後に多くの人が
希望する働き方とは？

　定年後、多くの人はどのような働き方を希望しているのでしょうか。60歳定年企業では、約87％が継続雇用で働く傾向がみられ、継続雇用を希望せずに退職する人は約13％となっています（右図）。雇用形態としては正社員を望む声が多く聞かれますが、定年を迎えると嘱託や契約社員、パート・アルバイトで働く人が増えていきます。

　65歳以後も働くことを希望する人の調査では、「現役時代と同じ会社（グループ含む）で正社員以外の雇用形態で働く」ことを希望する人が4割超とトップに。「会社をやめてフリーランスとして働く」ことを希望する人も1割強いますが、会社勤めが長い人にとって、グループ企業を含め同じ会社で働くというのは、現実的な選択肢として考えられています。

　高齢者に労働ニーズがある業界や職種はありますが、そうした場合を除くと60歳以上で中途採用を募集する企業が多いとは言えません。会社に就業し続けられる制度があれば、それを利用して働き続けるというのは理にかなった選択と言えます。一方、現役時代に一定の専門スキルなどを武器に活躍していた人は、フリーランスや個人事業主として働く選択肢も十分に考えられます。将来、独立・起業を少しでも視野に入れるなら、準備は早めにしておくに越したことはありません。

60歳定年の現実とは

● 60歳定年企業における定年到達者の動向

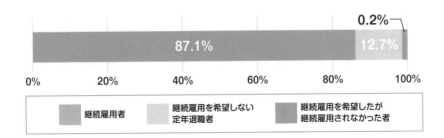

0.2%

87.1%　　　　　　　　　　　　　12.7%

0%　　20%　　40%　　60%　　80%　　100%

| | 継続雇用者 | | 継続雇用を希望しない
定年退職者 | | 継続雇用を希望したが
継続雇用されなかった者 |

（出所：令和4年 高年齢者雇用状況等報告／厚生労働省）

● 65歳以後に希望する働き方

65歳以降、どのような働き方を希望するか（または希望していたか）【複数回答形式】

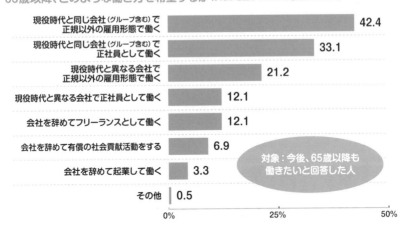

現役時代と同じ会社（グループ含む）で 正規以外の雇用形態で働く	42.4
現役時代と同じ会社（グループ含む）で 正社員として働く	33.1
現役時代と異なる会社で 正規以外の雇用形態で働く	21.2
現役時代と異なる会社で正社員として働く	12.1
会社を辞めてフリーランスとして働く	12.1
会社を辞めて有償の社会貢献活動をする	6.9
会社を辞めて起業して働く	3.3
その他	0.5

対象：今後、65歳以降も
働きたいと回答した人

0%　　　　25%　　　　50%

（出所：高齢者雇用に関する調査2020／日本労働組合総連合会）

10秒チェック！

60歳定年到達者の9割近くが継続雇用、65歳以降同じ
会社で働きたい人が7割超。定年を意識し始めたタイミ
ングで、今後の働き方や仕事などについて積極的に情報
収集をしましょう。

振り返り
ポイント

仕事

043 ⏱1分 minute

自分らしく働くための
マインドチェンジはなぜ必要？

変身ー！

自分に向けていた価値基準を変えてみよう！

　50代になれば「役職定年」や「定年退職」という現実がリアルに見え始めてきます。20代の頃は、高い収入や昇進などに仕事の価値を見い出す人が多い傾向にあります。一方50代にもなれば昔の部下が上司になるなど立場の変化があったり、待遇が一気に低下したりして、**仕事に対するモチベーションが一番下がる時期**とも言えます。

　逆に、ここをうまく乗り切ることができれば、新たな道が開けてきます。そのコツは、過去の栄光や地位に固執しないことです。**うまくマインドチェンジできるかどうかが大きなカギ**となります。周囲からいかに高く評価されるかという自分に向けていた価値基準を、**人や社会に貢献するにはどうすべきか**、ベクトルを外側に大きく変えてみてはどうでしょうか。

　年を取っても対人能力を高めることはできますし、学び直しによって自らの能力を高めることは無理な話ではありません。仕事において大事にしていた価値観を問い直し、不要なプライドは手放していくこと。いつまでも上り続けていくキャリアはありません。職業人生のある時点で方向を切り替えるのはむしろ自然なこと。マインドチェンジすることは、自分らしく働くためばかりでなく、**定年後に幸せな生活を送るためにとても大事なこと**なのです。

50代は就労観の転換が課題

● 定年後は高い収入や栄誉は重要でなくなる傾向に

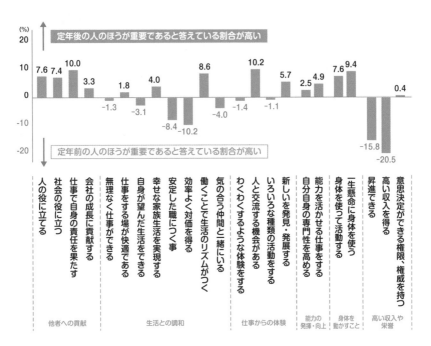

（出所：シニアの就労実態調査／リクルートワークス研究所）

ミニコラム 定年前から意識改革

　定年後に地域活動などに参加し、過去の肩書を伝えてみたところで、「すごいですね」と言われるのは一瞬だけ。特に、女性はそうした肩書にとらわれない傾向にあります。華々しい過去の栄光より、うまく話の輪に入っていけるコミュニケーション能力のほうがはるかに大事だったりします。定年前から仕事以外のコミュニティに参加してみることも、マインドチェンジに一役買ってくれるかもしれません。

振り返りポイント

◀◀◀ 10秒チェック！ ▶▶▶

キャリアが長期化していく中で、成長ばかり追い続ける働き方は、いずれ立ち行かなくなります。これまでの就労観をいかに転換できるか、大きな課題とも言えます。

お金　年金

044

1 minute分

年金の受給額を
上げるには
長く働き、
稼ぐことだね

厚生年金加入の男女、 年金平均額はどのくらい？

　日本の公的年金制度は、20歳以上60歳未満のすべての人が加入する国民年金（基礎年金）と、会社員・公務員の人が加入する**厚生年金保険**の2階建て構造になっています。会社員・公務員の人は同時に2つの年金制度に加入しているので、国民年金保険料分も含めて「厚生年金保険料」として給与から天引きされています。

　公的年金は原則として65歳からもらい始めることができます。標準的な夫婦2人のモデル年金は、月額23万483円（2024年度）。ただ、このモデル年金は妻が40年間専業主婦の場合を「標準」としており、時代にそぐわなくなっています。**夫婦の場合も、それぞれで年金見込額を考えておいたほうがよいでしょう。**

　老齢年金の平均受給月額を65歳以上の男女別にみると、男性は約16万4,000円、女性は約10万5,000円。**男女で約6万円もの差が**あります。老齢年金の額は、現役時代に納付していた保険料に応じて変わってくるため、**給与の高い期間が長ければ長いほど有利になる仕組み**となっています（標準報酬月額の上限は65万円）。逆に、自営業等でいくら稼いでいたとしても、国民年金の保険料は一律で、40年納付した場合でも**満額は約6万8,000円**となっています。

男女の年金受給額の違いは大きい

● 公的年金制度は2階建て

会社員・公務員の方は
国民年金保険料分も含めて
「厚生年金保険料」として
給与から天引きされています

2階部分		厚生年金	
	国民年金（基礎年金）		
1階部分	第1号被保険者 20歳以上60歳未満の農業者、自営業者、学生、無職の人など	第2号被保険者 会社員・公務員など	第3号被保険者 第2号被保険者に扶養されていて、年収130万円未満の20歳以上60歳未満の配偶者

● 年金額の例（2024年度 68歳以下の場合）

国民年金（満額の場合）	6万8,000円
厚生年金（夫婦モデル年金）※	23万483円

（出所：日本年金機構ホームページ）

※平均的な収入（平均標準報酬（賞与含む月額換算）43.9万円）で40年間就業した場合に受け取り始める年金（老齢厚生年金と2人分の老齢基礎年金（満額））の給付水準

● 男女別の老齢年金平均月額（65歳以上の老齢基礎年金額を含む2022年度末現在）

男性	女性
約16万4,000円	約10万5,000円

（出所：令和3年度 厚生年金保険・国民年金事業の概況／厚生労働省年金局）

男女で6万円も
平均額が違う！

10秒チェック！

納付状況によって受け取る年金額は変わります。あなた自身の納付状況をチェックするには、「ねんきん定期便」や「ねんきんネット」を活用しましょう。

振り返り
ポイント

仕事

045 ①minute

事務職以外の仕事を考えたほうがいい理由は？

再就職しやすいのは現場作業なんだね

　長年ホワイトカラーの仕事をしてきた方たちにとって、できればオフィス内で事務的な仕事をしたい、と考える方は少なくないようです。しかし、定年前後に事務職の仕事を探したとしても、**再就職できる確率は相当低い**と言わざるを得ません。

　実際、厚生労働省が発表している有効求人倍率（2023年3月時点）をみると、「一般事務職」は0.42倍とかなり低い数値となっています。さらにそこから中高年の採用となれば、どれだけ厳しいことか想像に難くありません。昨今、人手不足が進み有効求人倍率が高まっている中にあって、一般事務は主要職種において最低の倍率となっています。一方、職種別に有効求人倍率が高いものをみると、**建設躯体工事、保安、建築・土木・測量技術者など、建設関係に多い**ことがわかります。管理職について言えば、有効求人倍率以前に**求人数がほとんどありません**。民間職業紹介においても管理職のマーケット自体が小さいのが実情です。

　同じ会社で定年後に再雇用で働く場合は一概には言えませんが、これまでやってきた職種を考慮される可能性は高いでしょう。一方、再就職で働くことを検討している場合、**一般事務以外で市場ニーズの高い仕事を考えて活動する**のがもっとも結果につながりやすいといえます。

一般事務は主要職種の中でも採用が厳しい

● 職種別の有効求人倍率ベスト5

1. 建設躯体工事（10.11倍）
2. 保安（6.58倍）
3. 土木（5.84倍）
4. 建築・土木・測量技術者（5.62倍）
5. 機械整備・修理（4.09倍）

（出所：厚生労働省「一般職業紹介状況」令和5年3月分 常用（含パート））

インバウンド需要の本格化で
飲食店、宿泊、サービス、道路旅客運送
などに人手不足感が強い

● 人手不足感の強い業界も選択肢のひとつ

「正社員不足」業種別（上位5業種）

順位	業種	構成比
1	道路旅客運送業	90.90%
2	道路貨物運送業	88.18%
3	物品賃貸業	83.78%
4	総合工事業	83.41%
5	機械等修理業	83.33%
5	宿泊業	83.33%

「正社員過剰」業種別（上位5業種）

順位	業種	構成比
1	印刷・同関連業	26.08%
2	広告業	17.24%
3	情報通信機械器具製造業	15.78%
4	繊維・衣服等卸売業	13.33%
5	輸送用機械器具製造業	12.69%

「非正規社員不足」業種別（上位5業種）

順位	業種	構成比
1	飲食店	85.00%
2	宿泊業	81.81%
3	その他の生活関連サービス業	73.07%
4	道路旅客運送業	70.00%
5	飲食料品小売業	64.00%

「非正規社員過剰」業種別（上位5業種）

順位	業種	構成比
1	映像・音声・文字情報制作業	20.00%
2	医療業	14.28%
3	印刷・同関連業	14.03%
4	はん用機械器具製造業	13.63%
5	ゴム製品製造業	13.04%

（出所：2023年 企業の「人手不足」に関するアンケート調査／東京商工リサーチホームページ）

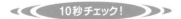

10秒チェック！

定年を境に、事務職や専門・技術職などのデスクワークで働く人は大きく減り、販売やサービス、保安、建設など幅広い職種の現場仕事の割合が高まっていきます。

振り返りポイント

仕事　お金

046 ①分 minute

中高年の転職は やっぱり難しい？

コミュニケーション能力はいくつになっても武器になります！

　中高年の転職市場については、「年収など求める待遇が高すぎるためコストパフォーマンスが見合わない」「中高年は最新のITスキルについていけない」など、軒並み厳しい見方がこれまで多数派でした。しかし、人手不足感が高まる昨今では、少し違う見方も出てきています。

　転職コンサルタントに「定年延長によるミドル・シニアの活用」についてアンケート調査を行ったところ、43％が「50代を対象とした求人が増えている」と回答。特に中小企業においてその傾向がみられるようです。増加していると感じる理由のトップは「若手人材の不足により、採用人材の年齢幅を広げざるを得ないため」（63％）、「既存事業拡大に伴う、経験者募集が増えているため」（58％）となっています。人手不足感の強い業界では特に、年齢幅を広げた採用が広がる可能性もあります。

　一方、「50代の雇用の流動性が低い」と感じるコンサルタントは45％おり、楽観的に考えるのはリスクもあると言えるでしょう。

　実は50代男性よりもミドル層の女性転職者の初年度年収が1～2割程上昇しているという調査結果もあります。ミドル女性が持つ非対面でのコミュニケーション能力や職場でのロールモデルを示す役割への期待感が後押ししているようです。

50代転職のいま

● 50代を対象とした求人が増えている

ミドル・シニアの活用へ取り組む企業が増えている！

直近、50代を対象とした求人は増えていると感じますか？

増えている	43%
減っている	10%
変化していない	47%

ミドル・シニアの活用について取り組みを行っている企業は何割程度あると感じますか？

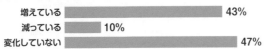

	0%	20%	40%	60%	80%	100%
2022年	29%	11%	32%	12%	10%	7%
2019年	18%	12%	26%	19%	14%	12%

凡例：5割以上／4割／3割／2割／1割／1割未満

※小数点以下を四捨五入しているため、必ずしも合計が100にならない

（出所：「定年延長によるミドル・シニアの活用」調査（「ミドルの転職」転職コンサルタントアンケート）／エン・ジャパン）

● 40代、50代の女性の年収がアップしている

転職後の年収比較

性別×年代			年収が上がった割合	年収が下がった割合
	男性20代	(305)	44.9%	15.7%
	男性30代	(350)	47.7%	16.0%
	男性40代	(228)	38.6%	18.9%
	男性50代	(113)	33.6%	23.0%
	女性20代	(219)	27.4%	24.7%
	女性30代	(121)	31.4%	16.5%
	女性40代	(105)	38.1%	16.2%
	女性50代	(59)	40.7%	25.4%

40代、50代女性は、20代、30代よりも転職前後の年収アップの割合が高い！

（出所：転職動向調査2023年版（2022年実績）／マイナビ）

振り返りポイント

10秒チェック！

中高年の労働市場は以前と比べると流動性が出てきています。楽観的に考えるのは禁物ですが、再雇用以外の選択肢があることも視野に入れておくといいかもしれません。

仕事　お金

047 ⏱ 1 minute

男女の賃金格差は
どのくらいあるの？

60代以降は格差が小さくなっているのね！

このくらい？

　男女の賃金格差は、長期的には縮小傾向にあるとはいえ、その差は大きいと言わざるを得ません。**男性の一般労働者を100とした場合、女性の一般労働者の給与水準は75.7**となっています。男女別に賃金カーブをみると、男性では年齢階級が高くなるにつれて賃金が高く、55〜59歳で41万6,500円とピークになり、その後下降しているのがわかります。一方、女性も55〜59歳が28万円でピークですが、男性に比べて賃金の上昇が緩やかです。55〜59歳で男女差をみると、**男性100に対して、女性は67.2と最も格差が広がっています**。しかし、70歳以上になると**男性100に対して女性は88.5と格差が解消傾向に。**これは男性も非正規での働き方が主流になることが挙げられます。

　世界経済フォーラムが各国の男女格差を表すジェンダー・ギャップ指数（2024年）においても、**日本の順位は146か国中118位で、先進7か国において最下位**となっており、低迷する状態が続いています。こうした男女の賃金格差を解消するために、女性活躍推進法の省令が改正され、301人以上の企業に対して**男女間賃金格差の開示**が義務付けられました。格差の大きい企業に対する世間の風当たりは、今後ますます厳しくなっていくでしょう。

まだまだ大きい男女の賃金格差

● 男女別・年齢階級別賃金の推移

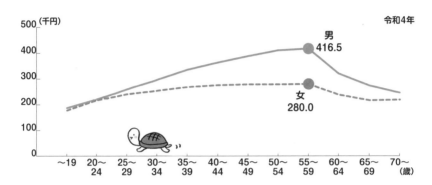

（出所：令和4年賃金構造基本統計調査 結果の概況／厚生労働省）

● OECD平均からみてもジェンダー・ギャップが大きい

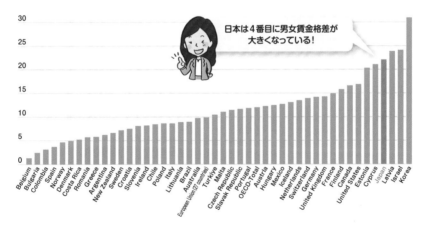

日本は4番目に男女賃金格差が大きくなっている！

（出所：OECD (2023). Gender wage gap (indicator). doi: 10.1787/7cee77aa-en (Accessed on 17 May 2023)）

＜＜＜ 10秒チェック！ ＞＞＞

男女の賃金格差の縮小は徐々に進んできているものの、世界的にはまだまだジェンダー後進国とみられています。法の整備をはじめ、女性の能力を十分に発揮できる雇用環境を整備することは重要な課題となっています。

制度 仕事 保険

048 ①分 minute

介護離職は社会問題です

親の介護に直面したら？

　40代以降になると、親の介護が必要となる場面が徐々に増えてきます。親の介護に直面したとき、最も重要なことは自分ひとりで抱え込まないことです。職場の上司や人事部門などに相談し、仕事と介護の両立の道を検討したいもの。介護離職者数は年間10万人を超え、一度仕事を辞めてしまうと再就職が厳しくなり、その後の生活が立ち行かなくなるリスクもあります。

　介護離職をした男女の比率をみると、女性が約7割を占めています。年齢分布では男女ともに「50歳〜59歳」が35.5％とピークで、次いで60歳以上が25.1％となっています。現状では、介護は50〜60代女性の大きな課題となっていることがうかがえます。

　定年前後において介護問題は避けられないテーマといえます。特に50代では社内において重要な職責を担っていることが多く、会社としても介護離職に対する意識を高めています。仕事と介護の両立を支援する各種制度も整備されているので、それらを上手に活用することによって退職を第一の選択肢と考えず、両立のための方策を探してみましょう。

　実際に介護サービスを受けるためには、まずは介護が必要な親の居住地の「地域包括支援センター」に相談することになります。事前にセンターの場所や情報を集めておくとよいでしょう。

介護のために仕事を辞める女性は多い

● 介護離職者における男女別、年齢の分布

介護離職者における男女比

(n=454)

- 29.3%
- 70.7%

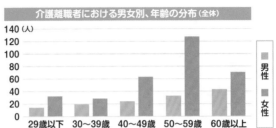

介護離職者における男女別、年齢の分布（全体）

（凡例）男性／女性

横軸：29歳以下／30〜39歳／40〜49歳／50〜59歳／60歳以上

（出所：令和3年度 仕事と介護の両立等に関する実態把握のための調査研究事業報告書 企業アンケート調査結果／三菱UFJリサーチ&コンサルティング）

● 高齢化の推移と将来推計

> 令和47年には、約2.6人に1人が65歳以上、
> 約3.9人に1人が75歳以上に！

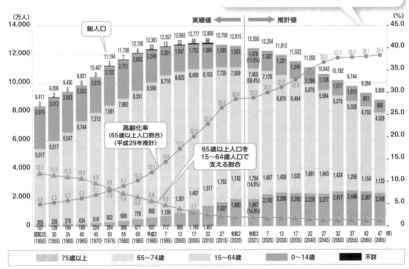

（出所：令和4年版高齢社会白書／内閣府）

10秒チェック！

介護は50〜60代、特に女性にとって大きな課題となっています。仕事と介護の両立を支援する各種制度を上手に活用することによって、退職を第一の選択肢と考えず、両立のための方策を探してみましょう。

115

制度　仕事　お金　　　　保険

049 ⏱1分 minute

介護の準備って
いろいろ
あるんだよねぇ……

介護休業は
誰でも利用できるの？

　仕事と介護の両立支援制度はいろいろとありますが、なかでも知っておきたいのが「**介護休業制度**」です。育児・介護休業法において、労働者が「要介護状態」にある対象家族を介護するために介護休業が定められています。ここでいう対象家族とは、「配偶者（事実婚を含む）、父母、子、配偶者の父母、祖父母、兄弟姉妹、孫」を指します。

　介護休業ができる期間は、**対象家族１人につき３回まで分割して通算93日まで**。短いと感じられるかもしれませんが、介護休業とは労働者自身が家族の介護をすることを想定したものというより、**仕事と介護の両立ができる体制を整えるための準備期間**と捉えてください。たとえば、介護保険の申請やケアマネジャーなどへの相談、介護サービスの手配、民間事業者など利用できるサービスを探したりするなど、働きながら介護を続ける体制を整えるための準備には時間がかかるものです。

　介護休業はすべての人が利用できるとは限りません。期間を定めて雇用されている場合、「**取得予定日から起算して、93日を経過する日から6か月を経過する日までに契約期間が満了し、更新されないことが明らかでないこと**」という要件も。正社員も入社１年未満の人などを対象外とする労使協定がある場合、該当する人は介護休業ができません。

介護休業のポイント

● 要介護状態とは？

- 負傷、疾病または身体上もしくは精神上の障害により、2週間以上の期間にわたり常時介護（歩行、排泄、食事等の日常生活に必要な便宜を供与すること）を必要とする状態をいいます。

● 介護休業の取得例

対象家族1人につき
通算93日まで休業できる！

3回に分割することも、
まとめて取ることも可能

例1	介護休業①	介護休業②	介護休業③
	30日	30日	33日

例2	介護休業
	93日

● 労使協定を締結している場合に介護休業が取れない労働者とは？

- 入社1年未満の労働者
- 申出の日から93日以内に雇用期間が終了する労働者
- 1週間の所定労働日数が2日以下の労働者

※労使協定とは、事業所ごとに労働者の過半数で組織する労働組合があるときはその労働組合、労働者の過半数で組織する労働組合がないときは、労働者の過半数を代表する者と事業主との書面による協定のことです。

● 介護休業中の経済的支援

　介護休業期間中は、無給となる会社が結構あります。そこで、雇用保険の被保険者で一定の要件を満たす場合に、介護休業期間中に休業開始時賃金月額の67%の「介護休業給付金」を申請することができます（93日を限度に3回まで）。

> **10秒チェック！**
>
> 希望どおりの日から介護休業をするためには、休業開始予定日の2週間前までに、書面等により会社に申し出る必要があります。会社の就業規則や労使協定をあらかじめ確認しておきましょう。

振り返り
ポイント

制度

050 ①分 minute

どっちの制度も会社を辞めないためのものなんだね

介護休暇と
介護休業はどう違うの？

「介護休業」と似た言葉として「介護休暇」があります。同じものだと思っている人もいるようですが、実は全く異なります。介護休暇とは、**労働者が要介護状態にある対象家族の介護や世話をするための短期の休暇**です。

介護休暇を取得できる日数は、対象家族1人につき年5日、2人以上の場合は年間10日まで。2021年1月からは「時間単位」で取得できるようになりました。ケアマネジャーとの定期的な打ち合わせや通院の付き添い、介護サービスの手続きなど、介護に関わる単発的なサポートにも利用できるので、大変便利な制度といえるでしょう。介護休暇は**年次有給休暇とは別に与えられるもの**ですが、取得したときの給与の支払いについては法律で定められておらず、会社の制度によって異なります。

介護休暇の対象となる家族の範囲は、**介護休業の場合と同じ**です。対象家族を介護する男女労働者（日々雇用を除く）が対象ですが、「入社6か月未満の労働者」と「1週間の所定労働日数が2日以下の労働者」の適用を除外する労使協定が締結されている場合、該当する人は介護休暇を取得することはできません。介護休業と介護休暇、それぞれ必要となるシーンでうまく使い分けて、仕事と介護の両立をしていきましょう。

仕事と介護を両立させるためのさまざまな制度

● 介護休暇と介護休業の違い

	介護休暇	介護休業
日数	対象家族1人につき年5日、2人以上は年10日	対象家族1人につき、通算93日まで。3回まで分割可能
申出のタイミング	当日の申出も可	原則2週間前までの申出
経済的支援	特になし（会社によって有給の場合もある）	無給の場合、雇用保険から「介護休業給付金」の制度がある

● 労使協定を締結している場合に介護休暇が取れない労働者とは？

- 入社6か月未満の労働者
- 1週間の所定労働日数が2日以下の労働者

● 介護休業・介護休暇以外の両立支援制度

※以下は法律で定められているものです。会社で介護のための両立支援制度を確認しておきましょう。

制度	概要
所定労働時間の短縮措置等	介護短時間勤務制度など （注）事業主は①短時間勤務制度、②フレックスタイム制度、③時差出勤制度、④介護サービスの費用助成のいずれかの措置を介護休業とは別に、利用開始から3年間で2回以上の利用が可能な措置を講じなければならない
所定外労働の免除	要介護状態にある対象家族を介護する労働者は、所定外労働の免除が請求できる。1回の請求につき1か月以上1年以内の期間で請求可能
法定時間外労働の制限	1か月24時間、1年に150時間を超える時間外労働が免除される
深夜業の制限	深夜業（午後10時から午前5時までの労働）が免除される
転勤に対する配慮	事業主が就業場所の変更を伴う配置の変更を行う場合、それによって介護が困難になる労働者がいるときは、その労働者の介護の状況に配慮しなければならない
不利益取扱いの禁止	事業主は、介護休業などの申出や取得を理由として解雇などの不利益取扱いをしてはならない

10秒チェック！

介護が必要な家族を抱える労働者が介護サービス等を十分に活用できるようにするための制度はさまざまです。これらを組み合わせて柔軟な働き方を実現するのは労働者の権利と言えるでしょう。

仕事

051 ⏱1分

会社勤めでも必ず自分独自のアピールポイントは見つかるものです！

キャリアの棚卸しってしたほうがいい？

　人生の後半、長く働いていくことを考えているなら、一度は**キャリアの棚卸しをやっておくこと**をおすすめします。キャリアの棚卸しとは、簡単にいうと**これまであなた自身が経験してきた仕事内容や獲得したスキル、成果や実績などを時系列に掘り下げ整理すること**。普段の生活ではなかなか自分のキャリアを振り返って言語化する機会はありません。

　企業勤めの方にとってキャリアとは、自律的に築き上げてきたというより、企業主体で形成されてきたものかもしれません。それらを棚卸しすることで**あなた自身の強みや特長などアピールポイントが明確になる**とともに、**大切にしたい価値観・やりがいなど自己理解が一段と進みます。**

　これからキャリアの棚卸しをするときは、仕事面はもちろんのこと私生活面における経験なども交えて振り返ってみるとよいでしょう。たとえば、子育ての経験は苦労も大きかったものの、**さまざまことを同時遂行できるスキル**が身につくなど、自分自身の成長につながっているものです。定年後は仕事を報酬面ばかりで捉えるのではなく、**生きがいを含めたライフキャリアという幅広い視点で考えてみる**とよいでしょう。高く評価されたことや他人から感謝されたこと、上手くできたことなど、**ビジネススキルとヒューマンスキル両面でキャリアの棚卸しをぜひ行ってみてください。**

棚卸しでわかるビジネススキルとヒューマンスキル

● 時系列で仕事・私生活面の出来事を振り返ってみよう

※時系列にこれまでのキャリアをExcelシート等に書き出していく方法があります。

仕事面における棚卸し						
年齢	所属等	業務内容	実績	得た能力・スキル	得た資格・表彰	成長・課題
○歳～○歳						
○歳～○歳						
○歳～○歳						

● あなたのビジネススキルを言語化しよう

仕事から得られた能力やスキルを挙げていきましょう。それはあなたのアピールポイントとも言えます。

（例）プレゼンテーション能力、語学力（英語：TOEIC850点）、文章作成力、論理的思考力、情報収集力、柔軟性、目標設定力、分析力、営業スキル、会計スキル、PCスキル、接客スキルなど

● 仕事面で掘り下げてみることは？

- ☐ 経験してきた業務の内容
- ☐ 仕事を通して得られた能力・スキル
- ☐ 表彰歴や資格
- ☐ 周囲から高く評価を受けたこと
- ☐ 具体的な実績や成果
- ☐ 意識的にスキルアップしてきたこと
- ☐ 転機となった出来事
- ☐ 仕事で経験した失敗や挫折
- ☐ 仕事での成功体験、楽しかったこと

《《《 10秒チェック！ 》》》

振り返りポイント

キャリアの棚卸しで言語化したあなたの強みは、今後のキャリアビジョンとプランを描く土台になるものです。それをもとに定年後にどのような仕事や働き方をしていきたいかじっくりと考えていきましょう。

仕事　お金

052 ①分 minute

収入は複線化
したほうがいい？

投げても一流、打っても一流、まさに理想の働き方だね

　先の読めない時代だからこそ、**収入源を分散しておくこと**はリスクヘッジになります。会社勤めの場合は給与収入しかありませんので、万一倒産するようなことがあれば路頭に迷ってしまうことになりかねません。今からでも収入を**複線化**するための方法を考えておくとよいかもしれません。まずは**副業**から始めて、**複業**（パラレルキャリア）に発展できれば理想的な働き方といえるのではないでしょうか。

　「副業と言っても何をしたらよいかわからない……」という方は多いかもしれませんが、長年の職業人生において培ってきたスキルはたくさんあるはず。キャリアの棚卸しをすれば、いくつもの強みを自覚できていますよね？　ネットを上手く活用すれば、自宅にいながら仕事をすることも可能です。たとえばコンサルティングやデザイン、Webページの制作など、あなたのスキルを販売することもできるでしょう。文章作成が得意であればブログでアフィリエイトを行ったり、話すのが得意であれば音声配信や動画配信で収益を得たりする方法を考えられるかもしれません。

　一方、元手はかかりますが、民泊オーナーや家賃収入（いわゆる大家さん）などでストック収入を得る方法も。資産運用で配当金を得ることもひとつです。**収入を複線化できる方法**がないか考えてみてはいかがでしょうか。

複線化する組み合わせは多種多様

● 収入の複線化例

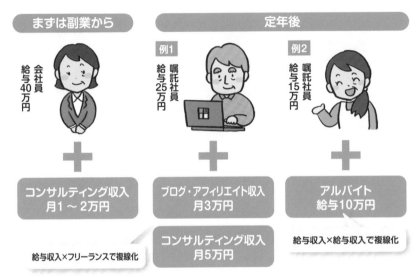

まずは副業から	定年後	
会社員 給与40万円	例1 嘱託社員 給与25万円	例2 嘱託社員 給与15万円

＋

コンサルティング収入
月1～2万円

＋

ブログ・アフィリエイト収入
月3万円

コンサルティング収入
月5万円

＋

アルバイト
給与10万円

給与収入×フリーランスで複線化

給与収入×給与収入で複線化

※アフィリエイトとは自身のサイトやブログに企業の広告を掲載して報酬を得る方法

ミニコラム **ストック収入とフロー収入**

　労働契約で働く場合、基本的に働いた時間に対して給与が発生します。つまり、たくさん稼ぐには多くの時間を投入するか、価値の高い仕事で単価を上げる方法が考えられます。一方、家賃収入や印税、株式投資などは、働いた時間ではなく所有する資産から定期的に収入が得られる「ストック収入」（不労所得）といわれるタイプのもの。たとえ大きな額ではなくとも、ストック収入が複線化できると自由な時間も手に入ります。定年後の理想の働き方・生活は人それぞれ。体力維持やコミュニケーションに重きを置いて、通勤して働くことが良いという人もいます。給与収入を複線化する場合は、異なる業種での組み合わせで、リスク分散することも可能です。どのような収入源で複線化するのが自分に合っているのか考えてみてください。

振り返りポイント

◀◀◀ **10秒チェック！** ▶▶▶

　「働き方改革」などにより副業に携わる人が増加。ひとつの企業に勤め、キャリアを積んでいくこれまでの「日本的な働き方」が大きな転換期を迎えています。

制度　　　お金　　　保険　退職

053 ⏱1分minute

失業手当の賢いもらい方は？

そうか、65歳になる前に辞めないと失業手当はもらえないんだ

　失業手当（雇用保険の「基本手当」）は、雇用保険に加入していた人が退職後、失業状態にあるときにもらえるものです（原則として離職前2年間に12か月以上の被保険者期間があることが必要）。雇用保険の加入期間と離職理由によってもらえる額が変わります。たとえば、60～64歳で退職し、雇用保険の被保険者期間が20年以上ある場合は**150日分の基本手当日額**がもらえます。この基本手当日額は、離職直前の6か月にもらっていた給与（賞与や退職金を除く）に基づき算定した**賃金日額の45～80％**となります。ただし基本手当日額には上限があり、**1日当たり約7,294円**（60～64歳の場合。2023年8月時点）となります。

　失業手当は65歳になる前に退職した人を対象としています。ひとつ注意したいのは、**特別支給の老齢厚生年金や老齢年金の繰上げ受給をする場合**。ハローワークで求職の申込みをすると、老齢年金の支給が全額ストップしてしまうからです。そう考えると、失業手当を最大額もらうには、**64歳11か月で退職するのがベストタイミング**と言えます。65歳以降に仕事を辞めると、「高年齢求職者給付金」がもらえますが、**給付日数がだいぶ減ってしまいます**（次項で解説）。ただこれはあくまでも給付金を考えた場合の話。退職日はよく検討してください。

1日違いで大きな差。退職のタイミングは重要

● 意外と知らない！誕生日の前日に年齢は上がる

（例）9月1日が誕生日 ➡ 64歳の8月31日で満65歳に！

誕生日の前々日（この場合は8月30日）までに退職すると年齢は繰り上がらない

● 失業手当の所定給付日数（自己都合、定年退職の場合）

雇用保険の被保険者期間	1年未満	1年以上10年未満	10年以上20年未満	20年以上
給付日数	―	90日	120日	150日

● 「失業状態」とは？

　失業状態とは、離職し、就職しようとする意思といつでも就職できる能力があるにもかかわらず職業に就けず、積極的に求職活動を行っている状態にあることをいいます。そのため、再雇用などで引き続き勤める場合はもちろんのこと、自営業で働いている場合や病気・けがで働けない場合、就職するつもりがない場合などは支給の対象外です。

● 失業手当の計算式

失業手当の総額 ＝ 基本手当日額* × 所定給付日数

※賃金日額（離職前6か月の賃金総額÷180）×給付率（50〜80%、60歳以上は45〜80%）
　基本手当日額の上限：8,490円（45〜49歳）、7,294円（60〜64歳）毎年8月に見直し

	賃金日額（円）	給付率	基本手当日額（円）
離職時の年齢が45〜59歳	2,746円以上5,110円未満	80%	2,196円〜4,087円
	5,110円以上12,580円以下	80〜50%	4,088円〜6,290円
	12,580円超16,980円以下	50%	6,290円〜8,490円
	16,980円（上限額）超	―	8,490円（上限額）
離職時の年齢が60〜64歳	2,746円以上5,110円未満	80%	2,196円〜4,087円
	5,110円以上11,300円以下	80〜45%	4,088円〜5,085円
	11,300円超16,210円以下	45%	5,085円〜7,294円
	16,210円（上限額）超	―	7,294円（上限額）

振り返りポイント

<<< **10秒チェック！** >>>

60〜64歳で退職すると失業手当が支給されますが、65歳で退職すると失業手当ではなく高年齢求職者給付金（次項）が支給されます。

制度　　お金　　保険　退職

へーえ、65歳以上で仕事を辞めても失業の手当が出るんだ

054 1分 minute

65歳以上で仕事を辞めたらもらえる給付金とは？

　失業手当の対象となるのは64歳までに退職した場合。では65歳以上で仕事を辞めたらどうなるのでしょうか？　この場合、失業手当に代わって「高年齢求職者給付金」が支給されます。支給要件は、①離職日以前に雇用保険の被保険者期間が6か月以上あって、②失業の状態にある場合。金額の算定方法は失業手当と基本的に同じで、離職前6か月間の賃金日額の50～80％です。給付日数は、雇用保険の被保険者期間が1年未満の場合は基本手当日額の30日分、1年以上の場合は50日分。

　失業手当を受け取る場合、繰上げ受給や特別支給の老齢厚生年金等については支給停止されていました。しかし、高年齢求職者給付金についてはそうした調整はないため、老齢厚生年金と一緒に受け取ることができます。また、年齢の上限や受給回数の制限もないため、仕事を辞めて条件を満たすたびに何度でも受け取ることができます。長く働くことを考えると、心強い制度と言えるでしょう。

　高年齢求職者給付金はハローワークで手続きをしますが、自己都合退職の場合、7日間の待期期間に加え2か月の給付制限があります。離職日翌日から1年の受給期限を過ぎてしまうと打ち切りになってしまうので忘れずに手続きをしましょう。

高年齢求職者給付金の支給要件

● 高年齢求職者給付金の所定給付日数

雇用保険の被保険者期間	給付日数
1年未満	30日分
1年以上	50日分

● 高年齢求職者給付金のメリット

要件を満たせば何度でも！
①離職日以前に雇用保険の被保険者期間が1年以上ある
②失業の状態にある

- メリット1：一括でもらえる！
- メリット2：老齢厚生年金との調整なし！
- メリット3：年齢・受給回数の制限なし！

● 受給期限は離職日の翌日から1年間

早めに求職申込の
手続きをしましょう

この例では、15日分の高年齢求職者給付金が支給されます。

[給付制限がないケース]			待期7日	15日	35日

- 離職日
- 離職日の翌日
- 求職申込日
- 認定日

受給期限を過ぎた分（35日分）については、支給されません。

受給期限1年

※このような人は対象となりません

- 就職・就労中
- 自分の名義で事業を営んでいる
- 会社の役員などに就任している
- 次の就職が決まっている
- 家事に専念する
- 学業に専念する など

振り返りポイント

◀◀◀ 10秒チェック！ ▶▶▶

高年齢求職者給付金は、お住まいを管轄しているハローワークで手続きをします。退職するときは離職票を早く交付してもらえるように会社に伝えておきましょう。

定年前後に関するコラム
その4

定年後は週休3日で働く選択肢も

　定年後に良好な待遇が期待できる再雇用の選択肢があるなら、社内の制度を前向きに活用するのもよいでしょう。その際、フルタイムではなく、週休3日や短時間勤務などの選択肢について考えてみるのも1つです。個人で自由な時間を確保できるというメリットもありますが、体力面での負荷が減ったことをポジティブに捉える声も聞かれます。

　たとえば、通販大手のジャパネットホールティングスでは、定年後の再雇用制度を刷新し、60歳定年後から65歳までは週休3日制を導入。定年前と比べて勤務日数は8割程度に減りますが、給与・手当は平均支給額の9割を担保する設計になっています。65歳以降は週休4日で、給与・手当は正社員平均の7割に。仕事以外の時間を充実させるために、週休数を段階的に増やしていき、急な収入減少に陥らないよう配慮されています。

　今後、同社のように週休3日・4日の働き方を制度化する企業が増えていくかもしれません。こうした制度がない場合も、嘱託社員として働く際の労働条件は個々に異なります。自分の希望をうまく会社に伝え、納得できる働き方を目指していきましょう。

（出所：ジャパネットホールティングス・ホームページ、https://corporate.japanet.co.jp/notice/20230329/）

第5章

1分でわかる！

定年後の
仕事の見つけ方

定年退職後、継続雇用制度などを利用して
再雇用を希望しない場合、
ほかにどのような選択肢があるのでしょうか。
ミドルシニアの転職事情や近年増加している
スキルシェアのマッチングサービスなどについて見ていきましょう。

制度　仕事

055 ①分 minute

人の眼から見た自分はちょっと違ったりするものなのよね

キャリアコンサルティングは受けたほうがいい？

　キャリアコンサルティングとは、「**労働者の職業の選択、職業生活設計または職業能力の開発・向上に関する相談に応じ、助言や指導を行うこと**」をいいます。「今より良い仕事をするためにスキルアップしたいが、何から始めたらよいかわからない」「再就職に向けて資格など取得したいが、どう選んだらよいかわからない」など、キャリアに関するさまざまな問題に活用することができます。キャリアコンサルティングを通じて、自分の適性や能力、関心などに気づき、自己理解を深めるとともに**自分に合った仕事を主体的に選択できるようになること**が期待できます。自分のキャリアをうまく整理できない場合は、**プロのキャリアコンサルタントに依頼してみるのもひとつの方法**です。

　キャリアコンサルタントはキャリアコンサルティングを行う国家資格の専門家。キャリアコンサルティングサービスはハローワークでも無料で受けることもできますし、同サービスを提供している人材派遣会社や人材紹介会社は数多くあります。また、「**キャリアコンサルタント検索システム**」(https://careerconsultant.mhlw.go.jp/n/career_search.html)のウェブサイトでは、個人コンサルを受け付けているコンサルタントを検索することも可能です。専門家に相談すると新たな視点に気づけるかもしれません。

コンサルタントと一緒にキャリアを棚卸しする

● キャリアコンサルティングの流れ

> キャリアについて相談した人の約9割が、キャリアコンサルティングが役に立ったとしている

| ①自己理解 ②仕事理解 ③啓発的経験 | → | ●興味・適性・能力等の明確化 ●職業経験の棚卸し ●労働市場、企業等に関する情報提供 ●職務に求められる能力、キャリアルートなどの理解 |

| 今後の職業生活設計・目標の明確化等に係る ④意思決定 | → | ●キャリア・プラン（職業生活設計）の作成 ●中長期的目標及び短期的目標の設定 ●能力開発・教育訓練等に関する情報提供 |

| 職業選択・求職活動・能力開発等の ⑤方策の実行 | → | ●方策の実行（活動）状況を把握しつつ、必要に応じてサポート |

| 新たな仕事への ⑥適応 | → | ●移動、昇進、就職、転職 …… |

~相談した人の声~
「仕事に対する意識が高まった」
「自分の目指すべきキャリアが明確になった」
「自己啓発を行うきっかけになった」
「現在の会社で働き続ける意欲が湧いた」

キャリア形成 　職務経験や教育訓練の受講等を積み重ねていくことによる、段階的な職業能力の形成

（出所：厚生労働省ホームページ）（コメント出所：平成29年度能力開発基本調査／厚生労働省）

 ミニコラム キャリアコンサルタントは国家資格

　2016年4月施行の職業能力開発促進法において、キャリアコンサルタントは国家資格となりました。企業の人事・教育関連部門や人材紹介・人材派遣会社、公的就業支援機関、大学のキャリアセンターなど幅広い分野で活躍しています。労働者1人ひとりが主体的にキャリアを見直したり、リカレント教育やリスキリングなどによって求められる人材を支援するために、今後期待される資格のひとつです。

10秒チェック！

振り返りポイント

キャリアコンサルティングは、職業のマッチングだけでなく、職業生活設計の支援も含まれているため、サポートの領域は広いといえます。

制度　仕事

056

継続雇用といっても、グループ会社に行くこともあり得るんだね

勤務している会社で再雇用されるには？

　定年後、全く別の会社に再就職するより、「引き続き今の会社で働きたい」という人は案外多いのではないでしょうか。希望すれば原則として65歳までは働くことが可能ですが、会社に残る場合も準備は大切です。特に、現場から離れていた期間が長いほど要注意。なぜなら、再雇用で求められるのは、ほとんどの場合マネジメントよりも、**プレイヤーとして実務をこなす能力**だからです。現場仕事を自らが担っていくには、**実務に関する最新知識をアップデートしておくことも大事**。現場で若手を下支えしていく意識を持ち合わせておきたいものです。

　65歳以上で契約を更新し続けてもらう場合、希望者全員というわけにはいきません。70歳までの再雇用制度が設けられている企業であっても、更新基準が決められているのが一般的。たとえば、「過去〇年間の人事考課基準が〇以上である者」や「定期健康診断結果を産業医が判断し、業務上支障がないと認められた者」など、**会社ごとに更新基準はまちまちです**。健康状態を良好に保っておくことや一定以上の勤務成績や出勤率をキープしておくことは、地味ながら再雇用されるために重要なファクターといえます。そのうえで、**学び直しによって役立つスキルを身に付け**たりしておくと、より意欲の高さを伝えることができるでしょう。

再雇用後は同じ会社にいられるとは限らない

● 継続雇用先の範囲とは

　65歳までの継続雇用に関しては、再雇用をするときに「元の事業主」を基準にして、その子法人等を雇用確保先とすることが認められています（高年齢者法施行規則4条の3）。継続雇用先の範囲をグループ会社まで拡大するには、一定の要件が求められます。これを「特殊関係事業主」と言い、具体的には以下の範囲です。

継続雇用先の 範囲の拡大	①子法人等　②親法人等　③親法人の子法人等　④関連法人等 ⑤親法人等の関連法人のグループ会社

● 他社を自己の子法人等とする要件

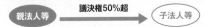

親子法人等関係（支配力基準）【規則第4条の3第2項】

❶議決権所有割合が過半数である場合【同項第1号】

　親法人等 ──議決権50%超→ 子法人等

❷議決権所有割合が40%以上50%以下である場合【同項第2号】

同一議決権行使者の議決権所有割合が合算して50%超

　親法人等 ──議決権40%以上50%以下→ 子法人等
　●緊密な関係により同一内容議決権行使が認められる者
　●同一内容議決権行使に同意している者
　──議決権50%超→

意思決定の支配が推測される事実の存在

　親法人等 ──議決権40%以上50%以下→ 子法人等
　下記いずれかの要件に該当

❸議決権所有割合が40%未満である場合【同項第3号】

　親法人等 ──右記いずれかの要件に該当→ 子法人等
　●緊密な関係により同一内容議決権行使が認められる者
　●同一内容議決権行使に同意している者
　──議決権50%超→

要件
・取締役会の過半数占拠
・事業方針等の決定を支配する契約の存在
・資金調達総額の過半数融資
・その他意思決定の支配が推測される事実

（出所：厚生労働省ホームページ）

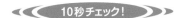

◀◀◀ 10秒チェック！ ▶▶▶

65歳までの雇用確保措置については、継続雇用先の範囲が「特殊関係事業主」までとなっていますが、70歳までの就業確保措置ではそれ以外の事業主も含まれています。

振り返り
ポイント

仕事　　　　　　　　　　　　退職

057 ①分

歳を取ってから情報を集めるのはつらいなぁ……

どんな求人サイトがある？

かつて転職といえば、「35歳限界説」がまことしやかにささやかれていましたが、それはもう過去の話。現在は40～50代の求人案件がかなり増えてきました。ミドルシニアに特化した求人サイトも次々と立ち上がっています。もし、再雇用以外の選択肢として転職を考えているなら、まず**ミドルシニア向けの労働市場を求人サイトからチェックしましょう。**

たとえば、40～60代をメインターゲットとする「マイナビ ミドルシニア」では、エリア、駅・路線、働く時間、スキル・資格、活躍中の年代などさまざまな検索条件から求人案件を絞りこむことができます。商業施設の集まるエリアでは飲食・販売スタッフなどの求人が幅広く募集されているほか、大型オフィスビルの集まるエリアではオフィスワークに加えて施設警備や清掃の仕事なども。物流センターや配送関連の仕事も多く募集されています。

転職求人サイトは、転職エージェントと比べて、**自分自身で求人案件をサーチしていつでも転職活動を始めることができる気軽さ**があります。サイトに掲載されている企業は、何社でも応募することが可能です。ただし、求人の応募や面接日時の設定など、基本的にすべて自分で行うことになるので、**活動が長引くと時間的にもメンタル面においても大変さを**感じることがあり、注意が必要です。

ミドルシニアの転職市場を概観する

● ミドルシニアを対象にしたさまざまなサイト

40代50代60代の求人サイト
「マイナビ ミドルシニア」

https://mynavi-ms.jp/

50代60代中心のお仕事情報サイト
「シニア求人ナビ」

https://www.seniorjob-navi.com/

50歳以上の転職サイト
「シニアジョブ」

https://senior-job.co.jp/

40代・50代・60代のお仕事探し
「はた楽求人ナビ」

https://hatarakujob.com/

60歳以上のアルバイトサイト
「グランジョブ」

https://www.baitoru.com/lp/senior/

ミニコラム 60代以降はギグワークも

　定年後は生計面で問題がなければ、必ずしもフルタイムで働く必要はありません。働きたいときに単発的に仕事をする、あるいは週2～3日だけ短時間で稼ぐというワークスタイルも十分に考えられます。「ギグ」とは一夜限りの音楽セッションなどで使われていた言葉ですが、そこから派生してギグワークは単発の仕事を意味するようになりました。60代以降の働き方の選択肢として、ギグワークも加えておきましょう。

振り返りポイント

◀◀◀ **10秒チェック！** ▶▶▶

転職サイトごとに紹介するのが得意な年齢層や年収層などが異なります。50代以降は公的就業支援機関と転職サイトを併用して情報収集することも検討しましょう。

仕事

058 ⏱1分

転職エージェントを利用するのは？

エージェントの私からご提案致しまーょう

　転職エージェントとは、いわゆる「人材紹介サービス」のことです。登録すると専任のアドバイザーが転職相談に応じ、求人探しから面接対策まで幅広く転職活動を支援してくれます。転職エージェントのメリットは、求職者と採用企業の双方から情報を引き出してマッチングをすることで、**転職後のミスマッチを防ぎやすくなる**ということ。また、企業との面倒な条件面の交渉や事務的なやり取りを求職者に代わって行ってくれるため、スムーズに転職活動ができるというメリットもあります。

　しかし、**50～60代となると受入れ企業の数が極端に減ってくるのが現実です。**転職後の年収も30～40代と違って高額な報酬は望みにくいため、転職エージェントにとってもメリットが少なく、ビジネスになりにくい側面があります。そのため、これまで輝かしいキャリアを持っている方であっても、転職先を見つけるのは難しいと言わざるを得ません。

　ただ、ここ最近においては、少しずつ状況が変わりつつあります。**地方に拠点を抱える企業や人手不足が深刻な業界**などを中心にシニア層への採用意欲は高まってきており、うまく転職につなげられるケースも出てきています。転職エージェントの利用を検討する場合は、**なるべく年齢の若い段階で行動しておくのが望ましい**といえるでしょう。

転職エージェントを使うメリット

● 転職エージェントの仕組み

　転職エージェントの報酬源は、企業側からの成功報酬。そのため、求人者が利用する場合は、無料でサービスを受けることができる仕組みになっています。

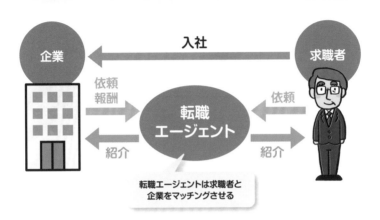

転職エージェントは求職者と
企業をマッチングさせる

ミニコラム　なぜ企業は転職エージェントを使うの？

　企業は常に優秀な人材を求めています。しかし、転職サイトや自社のWebサイト等に募集広告を出したとしても、欲しい人材が応募してくれるとは限りませんし、募集自体集まるかどうかわかりません。仮に応募があっても、選定するには時間もコストもかかります。企業側からすれば、自社が求める条件に見合った人材を紹介してくれる転職エージェントに依頼したほうが、より短時間で理想の人材を採用できる可能性が高まります。たとえ一定の報酬が発生したとしても、メリットがあると判断する企業は少なくありません。

　たとえば、新規プロジェクトの立ち上げなど、競合他社に情報を知られることなく人材を集めたい場合もあります。その場合、「非公開求人」（社名など採用に関わる情報を公にしない求人方法）として転職エージェントに依頼することで人材を集めていることもあります。

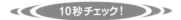

10秒チェック！

振り返り
ポイント

企業は「非公開求人」（社名など採用に関わる情報を公にしない求人方法）として、転職エージェントへの依頼などを通して人材を集めています。

仕事　お金

059 ①分

滑り込みなら
お任せ下さい

売れるスキルがあるなら
マッチングサービスがいい？

　近年、情報技術の進歩によりオンライン上でさまざまな取引が個人でできるようになりました。さらにコロナ禍以降はリモートワークが広く普及。オンライン上の取引を支えるデジタル・プラットフォームを活用して、仕事においてもマッチングサービスを利用する人が増えてきました。スマートフォンやパソコンがあれば、誰でも簡単に始めることができます。

　そこで、**これまでのビジネス経験を活かしたスキルシェア・サービス**を検討してみるのもひとつです。たとえば、これまでマーケティングを専門としてきた場合、販路拡大に向けた外部環境の調査など、スポットでコンサルティングを請け負うことも考えられます。そうした**企業のニーズと個人のスキルをマッチングするサービス**として「ビザスク」が有名です。あるいは、簡単に作れるお菓子レシピや英会話など、**自分が得意とするスキルを講師として教えるサービス**（「ストアカ」など）もあります。また、資料や企画書の作成、動画編集、コーチングなど、**得意なスキルを出品するサービス**（「ココナラ」など）も。さまざまなデジタル・プラットフォームを利用することで、**自分のスキルを商品化する**ことができます。

　今のうちから、こうしたスキルシェア・サービスを試してみてはいかがでしょうか。

● どんなスキルシェア・サービスがある?

デジタル・プラットフォームを活用したさまざまなスキルシェア・サービスが普及しています。一例をご紹介。

● ビザスク
https://visasq.co.jp/

大手企業を中心に、新規事業・研究開発・経営企画・マーケティング等、様々な領域で活用されている国内最大級のスポットコンサルティングサービスをマッチング。

● coconala (ココナラ)
https://coconala.com/

ビジネスからプライベート利用まで、個人のスキルを気軽に売り買いできる日本最大級のスキルマーケット。サービス提供はすべてオンライン上で行うため、時間や場所を気にせず、テキスト・ビデオチャット・電話・コンテンツと幅広く取引が可能。

● ストアカ
https://www.street-academy.com/

オンライン・対面の両方の講座が可能。趣味・教養系からビジネス、リスキリング講座まで多種多様な内容が網羅されている。

振り返りポイント

≪ **10秒チェック!** ≫

オンライン上で完結できるデジタル・プラットフォームを活用して、あなた自身の得意なスキルを売れる商品にしてみるのも、新しいギグワークの在り方として注目されます。

仕事

060 ①分 minute

折り込み広告もまだ捨てたもんじゃないのね

新聞や折り込みの求人広告で仕事は見つけられる？

　求人広告は、「紙メディア系」と「Webメディア系」に大別されます。現在の主流はWebメディアですが、新聞や折り込み求人紙における広告は今も活用されています。新聞紙面における求人欄は縮小傾向にあるものの、**新聞購読者の7割以上が40〜70代**と言われており、ミドルシニア層に向けた求人が多いといえます。新聞という公共性の高いマスメディアであることも安心感があるのでしょう。ただし、広告枠はとても小さいので、**実際に応募する際はインターネットで企業情報をチェック**することは欠かせません。補足的に新聞の求人欄をチェックされる方もいます。

　一方、新聞の折り込み求人広告においては、ローカルエリアに限定した求人広告が比較的多いことから、**地元で働きたい人やパートやアルバイト求人を探すときに**活用されています。「家から近くでいい仕事があれば……」という潜在的ニーズにうまく訴求しているメディアといえるでしょう。また、インターネット上の膨大な求人情報から仕事を探すことに負担を感じる人にとって、**一覧性のある情報として重宝される**傾向があります。

　折り込み広告の利用女性を対象とした調査では、仕事選びの際重視するポイントとして「希望する勤務地」「休みがとりやすい」など、**今のライフスタイルに影響を与えないことを重視する**傾向が見られます。

今もニーズがある「紙メディア系」の求人広告

● 入職経路（新卒以外）

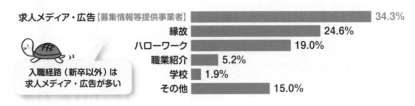

求人メディア・広告［募集情報等提供事業者］	34.3%
縁故	24.6%
ハローワーク	19.0%
職業紹介	5.2%
学校	1.9%
その他	15.0%

入職経路（新卒以外）は
求人メディア・広告が多い

（出所：令和4年職業安定法の改正の概要について～求人メディア等のマッチング機能の質の向上／厚生労働省）

● 求人メディアと新形態サービスの比較

　求人メディアや職業紹介など従来からある雇用仲介サービスに加えて、SNSを活用したソーシャルリクルーティングなどさまざまな新形態サービスが登場している。

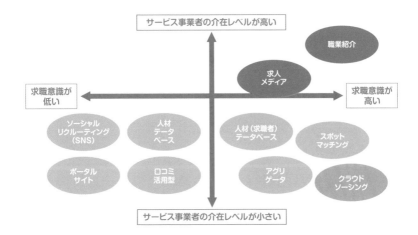

（出所：労働市場における雇用仲介の在り方に関する研究会第3回「求人メディアの現状と新しいサービス形態」／（公社）全国求人情報協会）

10秒チェック！

振り返り
ポイント

「紙メディア系」と「Webメディア系」の求人広告はニーズによって使い分けされています。ローカルエリアに限れば紙メディアはまだまだニーズがあるといえます。

制度　仕事

061 ①分 minute

転職は難しくても、派遣ならなんとなく探しやすそうですね

派遣社員という選択肢は？

　定年後は同じ会社での再雇用ではなく、心機一転「派遣社員」として働く選択肢もあります。人手不足もあって、シニアを専門に扱う派遣会社が近年は増えています。60代で正社員としての転職先を探すのはなかなか厳しく、嘱託社員などの非正規雇用が主流です。長年、正社員として働いてきた方は「派遣社員」にあまりよいイメージを持たれないかもしれませんが、シニア派遣の場合、希望条件に合った仕事につながる可能性もあり、選択肢として検討する価値はあるといえます。派遣契約では時給が高めに設定されていることも多く、**これまでのキャリアをうまく生かせる仕事に出会えるかもしれません。**

　労働者派遣法では、同じ事業所・同じ部署に同じ派遣社員を派遣できるのは最大3年という「3年ルール」があります。ところが、**3年が経過した時点で60歳以上の場合、この3年ルールは適用されません。**そのため、派遣先との相性が良ければ、同じ職場で長く派遣社員として働き続けることができる点でメリットがあるといえるでしょう。労働条件によって、社会保険の加入手続きも派遣会社がしてくれます。

　また担当スタッフがついてくれるので、職場での困りごとがある場合など、フォローしてもらえる点も心強いもの。なかには、**一定期間の派遣を経て直接雇用に移行する紹介予定派遣もあります。**

派遣は直接雇用と異なる働き方

● 直接雇用と派遣の違い

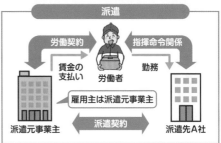

（出所：厚生労働省パンフレット）

● 紹介予定派遣とは？

　一定の労働者派遣の期間（6か月以内）を経て、直接雇用に移行すること（職業紹介）を念頭に行われる派遣を紹介予定派遣といいます。

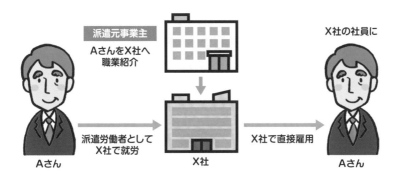

（出所：厚生労働省パンフレット）

◀◀◀ 10秒チェック！ ▶▶▶

勤めていた会社に残る再雇用という選択肢よりも、心機一転、派遣社員としてほかの会社で働くほうがあなたのキャリアを生かせる場合も。派遣という働き方もあります。

振り返りポイント

制度　仕事　お金

062　⏱1分

無理せず
ゆるやかに
働きたいときの
選択肢です

シルバー人材センターってなに？

　シルバー人材センターとは、高年齢者が働くことを通じて生きがいを得るとともに、地域社会の活性化に貢献する組織です。原則として市区町村単位に置かれており、基本的に都道府県知事の指定を受けた公益社団法人で、それぞれが独立した運営をしています。

　シルバー人材センターでは、定年退職者などの高年齢者（原則60歳以上）に、**個人のライフスタイルに合った「臨時的かつ短期的またはその他の軽易な業務」**を提供。ひと言でいえば「生きがいを得るための就業」であり、働ける日数なども**月10日または週20時間未満のルール**があります。一定した収入の保証はありませんが、全国平均で月8〜10日程度の稼働をした場合に**月3万〜5万円程度の報酬**が目安といわれています。

　シルバー人材センターで働くには、センターの趣旨（自主・自立、共働・共助の理念）に賛同のうえ会員登録をする必要があります。基本的に民間事業所等から請負または委任契約によりセンターが受注した仕事を会員が遂行する形となるため、契約主と会員の間には雇用関係や指揮命令関係はありません。しかし近年では、労働者派遣契約の仕事も増えており、この場合は派遣先から指揮命令を受け一歩踏み込んだ仕事も可能となります。70代前半の会員が最も多く全体の4割を占めています。

生きがいを得るという働き方

● シルバー人材センター入会までの流れ

入会説明会に参加 ➡ 入会申込書を提出 ➡ 会員登録完了

会費はセンターごとに異なり、
年間1,000円～3,000円程度

● 就業形態の主な相違点

	請負	委任	派遣
目的	会員は、業務を自らの裁量で完成させること	会員が業務を実施すること（業務の完成は目的ではない）	会員が発注者の指揮命令に従い労働すること
会員の雇用	会員は雇用されない	会員は雇用されない	雇用あり（公益財団法人東京都シルバー人材センター連合と労働契約締結）
指揮命令	発注者は会員に指揮命令できない	発注者は会員に指揮命令できない	発注者は会員に指揮命令できる
仕事の期間・内容	臨時的・短期的な就業（概ね月10日程度）または、軽易な業務（週20時間未満）		

（出所：公益社団法人 目黒区シルバー人材センターホームページ）

● 仕事内容の例

屋内外軽作業関係	除草作業・植木剪定・修繕（大工・左官）・清掃・植栽管理など
福祉関係	訪問介護・生活支援サービス・子育てサービス・集団託児・イベント時の託児・学童保育送迎者の運転など
折衝・外交関係	受付・アンケート調査・パンフレット配布・営業など
くらしの便利屋業務	電球、蛍光灯の交換・水道パッキンの交換・大型ごみの搬出など
管理関係	マンション管理・駐車場・駐輪場管理・施設管理・物品・商品管理など
事務関係	経理事務・パソコン入力・筆耕全般（宛名書き・賞状書きなど）・受付事務・書類整理・封入作業・その他事務全般など
家具転倒防止業務	L字型金具や突っ張り棒などの家具転倒防止器具の取り付けなど
その他の業務	地域観光ガイド・シニアモデル・イベントスタッフなど

◀◀◀ 10秒チェック！ ▶▶▶

60代前半の女性の就業先として増えているのが介護施設での介護補助の仕事や保育園での保育補助の仕事。育児や介護経験を活かして活躍する人が増えています。

繰り返しポイント

制度 仕事 　 保険 退職

063 (1分)

シニアでも大丈夫って
明記してもらえると
ありがたいね……

ハローワークで探すには？

　ハローワークは、国（厚生労働省）が運営する総合的雇用サービス機関。正式には公共職業安定所と言い、さまざまなサービスを無償で提供しています。**地元密着の中小企業などが求人を出している**ことが多く、仕事を探す手始めに利用してみるのもひとつ。会社を退職して、失業手当や高年齢求職者給付金をもらう場合、まずハローワークへ行って求職の申込みをする必要があります。

　窓口で相談することもできますが、基本的にはハローワークに設置してある情報端末を使って、求人情報を探す形になります。基本的にどの会社も定年制を設けているので、定年制の有無と内容は必ずチェックしておきたいところです。60代になると、嘱託・契約社員やパートタイマーといった雇用形態が主流となることは頭に入れておきましょう。

　労働者の募集に際して、**法律上は原則として年齢を不問としなければなりません**。そのため、ハローワークの求人票には年齢不問と記載されていますが、実際にはそうでないこともあり、**空振りに終わってしまうことも**。シニアの採用を積極的に行っている企業では、備考欄に「**60歳以上活躍中**」など記載されていることがあるので、そうした文言をチェックするか、窓口担当者に実際の応募は可能かどうか事前に確認しておくとよいでしょう。

ハローワークの正しい使い方

● シニア応援コーナー（生涯現役支援窓口）を活用しよう！

　生涯現役支援窓口とは、65歳以上の仕事探しを重点的に応援するコーナーで、専任のナビゲーターに継続して相談をすることが可能。応募書類の作り方や面接の受け方、シルバー人材センターや各種技能講習などに関する情報を提供しています。

※すべてのハローワークに設置されているわけではありません。

● 求人情報の絞り込み方

　ハローワークの求人件数は何十万件にも及ぶため、すべての求人に目を通すことはできません。「基本条件検索」と「詳細条件検索」画面を併用しながら、希望条件に合わせた求人情報を絞り込むのがベター。

基本条件検索	詳細条件検索
1. 基本条件入力 働き方（フルタイム・パート）、職種、就業場所など	1. 産業分野で絞りこむ 例）「建設業」
2. フリーワードによる検索 希望する仕事や求められる資格・経験などがあれば入力	2. 通勤路線で絞り込む 例）「東京メトロ銀座線」「田園都市線」
3. 新着求人より絞り込む 例）「本日・昨日受け付けた求人」	3. 保有免許・資格から絞りこむ 例）「会計事務処理技能資格」「調理師」
	4. 週の所定労働日数や働く曜日で絞り込む 例）「週3日」

ハローワークの求人件数は日本一。
ただし、シニアの求人には職種に
偏りがあるのも事実です

◀◀◀─ 10秒チェック！ ─▶▶▶

振り返り
ポイント

ハローワークにおけるシニアの求人は、清掃、警備、運転、介護・看護等の分野の求人は多いものの、事務や管理的な仕事の求人はごくわずか。何のために働くのか、仕事の意味付けは重要です。

制度　仕事

064 ①1分 minute

生きがいが
あるかどうかが
大事なんですよ……

コミュニティビジネス？
社会参加活動とは？

　コミュニティビジネスとは、地域の課題を地域住民が主体的に、ビジネスの手法を用いて解決する取り組みです。近年、「ソーシャルビジネス」という言葉が使われるケースが増えていますが、「ソーシャルビジネス」が社会的課題全般の解決を目指すのに対し、「コミュニティビジネス」は地域的な課題に特に着目しています。**毎日の生活で困っていることや普段は気づかない身の回りの地域資源がコミュニティビジネスに取り組むきっかけ**にもなり得ます。NPO法人が比較的多くを占めますが、組織形態や活動分野とも特に決まったものはありません。**まちづくり、環境、観光、IT、就業支援**など、あらゆる分野に活動が広がっています。

　これまでのビジネス経験を活かし、「地元の課題を解決したい」「何らかの形で社会参加したい」という想いを持たれる方は少なくありません。「定年後は会社員時代とは違う働き方をしたい」と考える人もいるはず。コミュニティビジネスでは、**経営ノウハウや人材不足による事業継続が課題**とも言われており、これまでのキャリアが地域コミュニティの再生に活かされるとしたら、それ自体が新たな価値を生み出すのではないでしょうか。社会参加活動が住民同士のネットワークを広げ、**新たな生きがいや自己実現につながる**でしょう。

コミュニティビジネスで地域の課題解決と生きがいを

● **コミュニティビジネスの活動分野の例**

まちづくり　　**教育**　　**環境**

- 保健・医療・福祉
- 文化・芸術
- 地域安全活動
- IT・情報社会
- 科学技術
- 地域資源活用
- 職業能力の開発 など

ひとつの活動に特化したり、
いろいろな分野の活動を
組み合わせて
多種多様に運営されている

● 埼玉県蓮田市の事例

（出所：地域コミュニティ機能の維持／創出に係る事例集／関東経済産業局）

ミニコラム **シニアこそ社会参加活動が大事**

　社会参加活動とは、就労だけに限らず、ボランティアや町内会などの地域活動、趣味や習い事など広く含まれます。1人暮らしの高齢者が増え続ける中、孤立や孤独を防ぐためにも、人と関わり合う機会を持つことは大切です。参加した活動が自分に合わないと思えば、無理をして続ける必要はありませんし、気軽にトライしてみてはいかがでしょうか。定期的に人と関わり合う機会を持つことは、健康面・精神面においてもプラスの効果が期待できます。ゆるやかなつながりを求めて、社会参加活動をする元気なシニアが近年は増えています。

◀◀◀ 10秒チェック！ ▶▶▶

お住まいのエリアで活動しているコミュニティビジネス
や地域活動などを、市区町村の広報誌やインターネット
などで一度確認してみましょう。

振り返り
ポイント

制度 仕事

065 ①分

結局、本人を知っていることが一番大事なんだね

リファラル採用ってなに？

「**リファラル採用**」をご存知でしょうか。リファラル（referral）とは「紹介、推薦」という意味で、「リファラル採用」とは、**自社の従業員に求人条件とマッチする知人や友人を紹介してもらい、採用選考につなげる採用手法**をいいます。

企業にとってのメリットは、応募者の人柄を知る従業員からの紹介によることから、**履歴書だけでは見えてこない本人の人柄や適性・スキルを把握しやすく、ミスマッチを防げる**ことが挙げられます。マイナビ「中途採用状況調査2023年版」によると、**回答企業の26.7％**がリファラル採用を実施。転職サイト（50.7％）や人材紹介会社（48.1％）、ハローワーク（46.6％）以外の**キャリア採用の有効な手法**になりつつあります。

応募する側にとっても、実際に働いている知人・友人から職場の雰囲気や、良い面・悪い面を含むリアルな情報を得られるため、「イメージと違った」という事態を防ぐことができます。**企業にとっても応募者にとっても効果的なマッチングが期待できる**わけです。

リファラル採用には、日頃からの人間関係が大事です。「あの人は信頼できる人物だ」「この分野なら○○さん」と周りから思い浮かべられるような、ゆるやかなネットワークを築いていると、**思わぬところから紹介や推薦の話が舞い込んでくる**かもしれません。

人材採用に効果的なリファラル採用

● 正社員の中途募集におけるリファラル採用の割合

		リファラル採用 (%)
2022年 全体		26.7
2021年 全体		22.1
2020年 全体		28.1
2019年 全体		17.9
従業員数	50名以下	12.0
	51〜300名	21.1
	301〜1,000名	34.0
	1,001名以上	35.9
採用窓口エリア	北海道	23.5
	東北	27.1
	関東・甲信越	14.1
	首都圏	30.1
	東海・北陸	23.8
	関西	28.5
	中国・四国	18.3
	九州・沖縄	23.1

		リファラル採用 (%)
業種	IT・通信・インターネット	37.3
	メーカー	27.9
	商社	26.9
	サービス・レジャー	31.4
	医療・福祉・介護	25.2
	流通・小売・フードサービス	24.2
	マスコミ・広告・デザイン	21.4
	金融・保険・コンサルティング	26.4
	不動産・建設・設備・住宅関連	17.5
	運輸・交通・物流・倉庫	18.3
	環境・エネルギー	15.8
	公的機関	17.6

（出所：中途採用状況調査2023年版（2022年実績）／マイナビ）

IT・通信・インターネット業界では
リファラル採用が37.3％に！

ミニコラム 縁故（コネ採用）との違い

　紹介というと、縁故採用を思い浮かべる方も多いかもしれません。縁故採用を実施している企業もありますが、この場合は役員や部長など組織内で一定の立場にある人、あるいは取引先や政治家など企業に影響力を持つ有力な人物から身内や縁者などを紹介されるケースが多いと言えます。そのため、求人条件にマッチする人材とは限らず、採用試験も形式的なものとなりがち。企業が求めるスキルなどを有していることがあらかじめわかっているリファラル採用とは、似ているようで大きく異なります。

◀◀◀ **10秒チェック！** ▶▶▶

リファラル採用は、企業にとっても費用対効果の高い採用手法としてここ数年で注目を集めています。アドバイザーや顧問などの紹介にもつながる可能性があるので、周囲に声をかけておくのも忘れずに。

振り返りポイント

制度 仕事

066 ①minute

出向後、新たなキャリアに目覚めることも！

アアッ

関係会社からの出向、転職もアリ？

50代になると、出向の話が増えてきます。出向とは、出向元と何らかの関係を保ちながら、出向先との間において新たな雇用契約関係に基づき相当期間継続的に勤務する形態をいい、「**在籍出向**」と「**移籍出向**（転籍）」の2種類があります。

在籍出向は、出向元と労働契約を結んだまま出向先とも労働契約を結ぶ働き方で、基本的に**出向期間が終われば元の会社に戻ること**を前提としています。出向の目的は出向先への人材援助や本人の人材育成、雇用調整や雇用維持などで、個別の同意がない場合であっても、就業規則等に出向に関する定めが設けられていれば包括的同意があるものとみなされ、**在籍出向を命じることは有効**と解されています。一方、**移籍出向はこれまでの会社との雇用関係を終了し、転籍先のみと新たな労働契約を結ぶこと**に。そのため個別の同意を得ることが必要となります。

在籍出向を命じられ、関連会社や取引先の企業等で突然働くことになるのは、決して珍しい話ではありません。出向先では、事業内容や組織風土も違えばこれまでのキャリアで経験したことのない新しい仕事を任されることもあります。それがむしろ**新しい興味・関心を引き起こし、新たなキャリアのきっかけ**となることもあります。

出向は新たなキャリアのきっかけになる？

● 出向には2種類ある

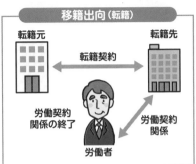

● 出向するときの労働条件と社会保険

　出向元と出向先のどちらの就業規則に従うかは、出向契約書で事前に取り決めておくのが一般的です。特に明示がなければ、労働時間や休日などの勤務に関する事柄は出向先、その他の事柄は出向元の就業規則が適用される傾向にあります。

　社会保険は、直接給与を支払う会社で適用に。そのため、出向先で給与が支払われていれば、社会保険は出向先での適用となり、出向元から給与が支払われているのであれば、出向元の適用となります。

● 出向はなぜ行われる？

出向元	出向先
• 一時的に雇用調整が必要 • 定年後も見据えたライフステージづくり • 幹部候補社員の育成 • 従業員のキャリアアップ、能力開発 など	• 事業拡大等により労働力が不足している • 必要な人材を即戦力として迎え入れたい • 技術指導、援助を受け職場のレベルアップを図りたい など

◀◀◀◀ 10秒チェック！ ▶▶▶▶

出向といえば、大企業の親会社から系列会社に異動するイメージを持つ方は多いですが、実態としては関係性がない企業や異業種の企業間であっても、出向契約を結べば出向は可能です。

仕事

067 ⏱ 1minute

セカンドキャリアはフリーランス？
起業という選択肢

　セカンドキャリアにおける仕事の在り方として、近年は起業（開業）が注目を集めています。freeeが実施した「起業に関するアンケート調査」では、50歳以上の4人に1人が「起業に関心がある」と回答。「年齢や性別に関係なく仕事がしたい」「定年後に社会とのつながりが欲しいから」といった理由が挙げられています。起業の形態としては、個人事業や法人を設立する方法がありますが、**個人事業主であれば税務署に開業届を出すことで気負わず事業を始める**ことができます。

　長年の職業経験から、新たな事業を起こすだけのビジネスのネタを持っている人は潜在的に多いのではないでしょうか。前述の調査では、「**コンサルタント業**」や「**教育・学習支援**」などの職種に関心が高いようです。起業というとハードルが高いと感じてしまう人もいるかもしれませんが、年金が支給されることを考えれば**月数万円〜10万円程度稼げれば十分**という見方もできます。社員を雇用すると人件費をはじめコストがかかるため、シニアの場合は1人でビジネスを行うのがベターです。自営業や1人社長で自身の経験や知識、スキルを活用して収入を得る人を「**フリーランス**」と言います。**雇用によらない働き方は自由度・裁量性が高**く、キャリアを積んできた**ミドルシニアには相性がよい**と言えます。

注目されるシニア起業

● 副業から起業につなげる人も多い

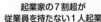

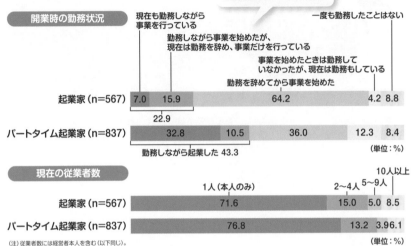

起業家の7割超が
従業員を持たない1人起業

開業時の勤務状況

	現在も勤務しながら事業を行っている	勤務しながら事業を始めたが、現在は勤務を辞め、事業だけを行っている	勤務を辞めてから事業を始めた	事業を始めたときは勤務していなかったが、現在は勤務もしている	一度も勤務したことはない
起業家 (n=567)	7.0	15.9	64.2	4.2	8.8
	22.9				
パートタイム起業家 (n=837)	32.8	10.5	36.0	12.3	8.4

勤務しながら起業した 43.3

(単位:%)

現在の従業者数

	1人(本人のみ)	2~4人	5~9人	10人以上
起業家 (n=567)	71.6	15.0	5.0	8.5
パートタイム起業家 (n=837)	76.8	13.2	3.9	6.1

(注)従業者数には経営者本人を含む(以下同じ)。

(単位:%)

(出所:2022年度 起業と起業意識に関する調査/日本政策金融公庫 総合研究所)

● 起業するには?

- 個人事業主:「開業届」を税務署に提出。登記に伴う費用等はなし。
- 法人設立:公証役場で認証を受け、法務局で法人として登記手続きを行う。税務署に「法人設立届出書」等の届出を行う。

ミニコラム 「起業」と「開業」の違い

　いずれも新しく事業を始めることですが、起業の場合は新規性のあるビジネスや法人化する場合に用いられることが多いといえます。一方、開業は個人事業主の場合に用いられるのが一般的。弁護士や社会保険労務士などの「士業」や、店舗をオープンする場合などに多く用いられます。

◀◀◀ 10秒チェック! ▶▶▶

厚生労働省の「フリーランスとして安心して働ける環境を整備するためのガイドライン」では、フリーランスを「実店舗がなく、雇人もいない自営業主や一人社長であって、自身の経験や知識、スキルを活用して収入を得る者」としています。

振り返りポイント

定年前後に関するコラム
その5

雇用によらない働き方の選択肢 ── フリーランス

　定年を意識し始めるようになると、「このまま今の会社で働き続けてよいものか?」と考える方は多いのではないでしょうか。50歳前後の女性に話を聞くと、長く働き続けていくための方策として、定年のないフリーランスへの転身や転職、学び直しなど、積極的に考える姿勢がうかがえます。

　ところが、定年が間近になってくると、多くの人がこのまま再雇用で働くつもりだと言われます。たとえ給与が大きく下がったとしても、再雇用のほうが生活は安定する、ということのようです。働ける場所があるだけでもありがたい、という人もいます。

　これまでずっと会社に属して働いていた人にとって、フリーランスのように雇用によらない働き方をするのは、とてもリスクのある賭けだと思う方は多いかもしれません。確かに、退職金をつぎ込んで新たな事業を起こすとなれば、大きなリスクを伴いますのであまりおすすめはできません。

　一方、今までの専門性や経験を活かしてフリーランスとして独立するのは、有望な選択肢です。大きな組織にいれば、若いうちは多種多様な仕事を経験するでしょうが、40代になる頃には一定の専門領域で実績を重ねている人は多いはず。法務や財務、エンジニア、クリエイターなど専門性が高いほどフリーランスに転身できる可能性は高くなります。自分の専門領域に社会的なニーズがあればチャンスは広がりますし、そのビジネス領域に興味・関心、自分なりの意義を感じているなら、なお更検討する価値はあるでしょう。

　独立後の生活が不安なら、今勤めている会社に業務委託契約を結べないかどうか打診してみるのも1つです。会社にとっても仕事内容や内情をよく知る元社員が外注先となるのはメリットがあります。お互いにwin-winな関係を築けるうえに、そこを足掛かりに仕事を増やしていければ、ゼロからのスタートでない分、精神的なプレッシャーも減らせるというもの。むしろ、フリーランスへのシフトは、今後のトレンドになっていくかもしれません。

第6章

1分でわかる！

働き方と
社会保険のしくみ

これまで社会保険のことを会社任せにしていた人は要注意。
働き方が変化することで、
加入する健康保険や年金が変わってくる場合があります。
定年後の社会保険にはどのような種類があり、
いつまでに何をする必要があるのか確認していきましょう。

制度 年金 保険

068 ⏱ 1 minute

会社員と個人事業主では仕組みが全然違います

そもそも社会保険にはどんな種類があるの？

　社会保険とは、私たち国民が病気やけが、出産、老齢、障害、死亡、失業など生活に困難をもたらす**さまざまなリスク**（保険事故）があった際に一定の給付を行い、**生活の安定を図る**ことを目的とした公的な保険制度。そのため、一定の条件に該当する場合に必ず入らなくてはならない**強制加入が原則**です。社会保険は、会社勤め等の方が加入する**被用者保険**と自営業者等が加入する**地域保険**に分かれます。

　被用者の場合、**健康保険、介護保険、厚生年金保険、雇用保険、労災保険**に加入します。これらを広義で「社会保険」と言います。狭義では、健康保険、介護保険、厚生年金保険をまとめて**社会保険**、雇用保険と労災保険を総称して**労働保険**と言います。社会保険完備とはと広義の社会保険がカバーされていることを指し、本人はもちろん**事業主も保険料を負担する**点に特徴があります（労災保険については全額が事業主負担）。

　一方、自営業者等が加入する「**国民健康保険**」は、被用者保険や後期高齢者医療制度に加入していないすべてを対象とした医療保険制度。都道府県及び市町村（特別区を含む）が保険者となる**市町村国保**と、業種ごとに組織される**国民健康保険組合**から構成されています。また、20歳以上60歳未満で国内在住の人は**国民年金**にも加入することになります。

社会保険の枠組みを知る

● 会社員が加入する被用者保険

社員として働く場合、基本的にこれらすべての保険に加入しています。介護保険は40歳になると保険料が発生します（65歳に達するまでは給与から天引き）。

社会保険（広義）

社会保険（狭義）			労働保険	
健康保険	厚生年金保険	介護保険	雇用保険	労災保険

● 健康保険・厚生年金保険はセットで加入

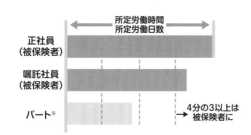

嘱託社員やパートタイマー・アルバイト等として働く場合も、1週間の所定労働時間および1か月の所定労働日数が同じ事業所で同様の業務に従事している通常の労働者の4分の3以上であるときは社会保険の加入対象となります。

※特定適用事業所で働くパートタイマーは短時間労働者として週20時間以上等の要件を満たす場合に加入対象。詳しくは第6章（074）参照。

10秒チェック！

会社員等は被用者保険に加入し、個人事業主等は地域保険に加入することになります。同じ保険でも呼称がさまざまなので、まずは大きな枠組みを理解しましょう。

制度　　　年金　　保険

069 ①分 minute

会社の後ろ盾がなくなるから大変になるんだ……

働き方で社会保険はどう変わるの？

　会社員として働く場合、基本的に社会保険は網羅されており、手続きや保険料の納付もすべて会社が行ってくれます。そのため、保険料にいくらかかっているのか、保険ごとにどういった保障が受けられるのか、**あまり意識していない方が多い**かもしれません。しかし、会社から離れてフリーランスになったり、会社に勤務していても労働時間が短くなるなど**働き方が変わったとき、自分で手続きを行う場面も出てきます。**

　年を重ねてくると、病気やけがをすることが増えてくるものです。そこで保障の手厚い公的保険は決して侮れません。**働き方によって受けられる保障が変わってくる**ことは、おさえておきたい大事なポイントです。

　たとえば、会社員から58歳でフリーランスになったとしましょう。**医療保険は会社の健康保険から国民健康保険へ**（任意継続の方法もあり）変わり、**年金は厚生年金保険から国民年金へ**切り変わります。健康保険と一緒に天引きされていた**介護保険料は国民健康保険または任意継続保険と一緒に納付する**ことになります。こうした手続きは本人が行わねばなりません。一方、フリーランスになると労災保険は「特別加入」ができる場合を除き補償はなく、雇用保険についてはカバーされません。このような違いを理解したうえで、**自分なりのセーフティーネットを考えましょう。**

働き方が変わると支払い方もサービスも変わる

● 会社員と個人事業主の社会保険の違い

<table>
<tr><th colspan="2"></th><th>会社員等</th><th>個人事業主</th></tr>
<tr>
<td rowspan="10">広義の社会保険</td>
<td rowspan="6">社会保険（狭義）</td>
</tr>
<tr>
<td>医療保険
病気やけが等に備える</td>
<td>健康保険（会社員）
共済組合（国家・地方公務員や私学教職員等）
船員保険（船員）
● 保険料は事業主と折半</td>
<td>国民健康保険
● 左記以外で自営業者等
● 保険料は原則世帯主が負担</td>
</tr>
<tr>
<td>年金保険
老齢や障害等に備える</td>
<td>厚生年金保険
（第2号被保険者）
● 報酬に応じた厚生年金保険料を事業主と折半</td>
<td>国民年金
（第1号被保険者）
● 定額の国民年金保険料を全額自己負担</td>
</tr>
<tr>
<td>介護保険
要介護状態に備える</td>
<td>40〜64歳は第2号被保険者として健康保険と一緒に納付する。65歳以上は原則年金から天引きされる</td>
<td>40〜64歳は第2号被保険者として国民健康保険と一緒に納付する。65歳以上は原則年金から天引きされる</td>
</tr>
<tr>
<td rowspan="4">労働保険</td>
<td rowspan="2">労災保険
業務・通勤のけがや病気など</td>
<td rowspan="2">● 業務災害、通勤災害における治療費や休業の補償
● 保険料は全額事業主負担</td>
<td rowspan="2">● 業種によっては特別加入することで労災保険による補償を受けられる場合がある</td>
</tr>
<tr></tr>
<tr>
<td rowspan="2">雇用保険
失業や育児・介護休業等に備える</td>
<td rowspan="2">● 失業手当、育児休業給付、介護休業給付、教育訓練給付など
● 保険料は事業主が過半数を負担
（公務員は対象外だが準ずる手当あり）</td>
<td rowspan="2">なし</td>
</tr>
<tr></tr>
</table>

※医療保険は年齢が75歳以上（一定の障害がある方は65歳以上）になると、すべての人が「後期高齢者医療制度」に移行します。

会社勤めの人は給与明細書で天引きされている保険料を確認して！

10秒チェック！

働き方を変えることによって、公的保険で受けられるサービスも変わります。病気やけがで働けなくなったときの保障として貯蓄や民間保険での備えも検討しましょう。

振り返りポイント

制度 年金 保険 退職

070 ①分 minute

家族の被扶養者に
なれないと
結構お金が
かかりそう……

定年後の
社会保険はどうなるの？

　定年退職後、引き続き再雇用でこれまで同様に働く場合は、そのまま勤務先で社会保険（健康保険、介護保険、厚生年金保険、雇用保険、労災保険のフルセット）に加入することになります。再就職する場合も加入要件に該当していれば、基本的に勤務先のほうで社会保険の手続きを行ってもらえます。

　一方、働く予定がない場合やフリーとして働くときは、75歳で後期高齢者医療制度に加入するまでの間、何かしらの健康保険に加入しなければなりません。その場合は、①家族の健康保険に入る、②任意継続をする、③国民健康保険に加入する、の3つの中から選ぶことになります。

　①退職後に健康保険に加入している家族が生計を維持することになる場合、その家族に扶養されて健康保険に入ることができます。②任意継続とは、退職する前の会社の健康保険に引き続き加入できる制度で、退職後2年間に限り継続可能。会社が半分負担していた保険料も自分で支払う必要があるため保険料は増えますが、国民健康保険に加入するよりも保険料を低く抑えられるケースがあります。③国民健康保険は前年度の所得等で保険料が決まるため、退職後すぐに加入すると保険料が高くなってしまうことも。扶養以外の場合、任意継続と国民健康保険と比べ保険料が低いほうを選択するのがよいでしょう。

退職後の健康保険は3つの選択肢から

● 退職後の健康保険

退職後、再雇用・再就職以外の場合は原則として以下の3つから選択して手続きを行います。

	家族の健康保険 （被扶養者になる）	任意継続健康保険	国民健康保険
加入条件 など	60歳以上は年収180万円未満、かつ被保険者の年収2分の1未満であること等	健康保険の被保険者期間が継続して2か月以上あること。退職日翌日から20日以内に申請すること	国内に住所があること（原則、退職日翌日から14日以内に申請）
加入可能な期間	75歳到達日まで	退職後2年間 （最大75歳到達日まで）	75歳到達日まで
保険料 （介護保険料も含む）	負担なし	資格喪失時の標準報酬月額をもとに算定。全額自己負担（次項も参照）	前年の所得、世帯の加入者数をもとに自治体ごとに計算
手続先	家族の勤務先	加入していた健康保険の保険者	お住まいの自治体

（注）このほか、大手企業では健保組合に20年以上加入していた被保険者などを対象に「特例退職被保険者制度」が運営されていることもある。特定健康保険組合の数は少なく利用できる人は限定的。

● 社会保険と加入年齢について

すっと会社で働き続ける場合、健康保険は75歳に達する日まで、厚生年金保険は70歳に達する日まで加入することができる

	60歳	65歳	70歳	75歳
健康保険	75歳の誕生日前日まで			後期高齢者医療（終身）
介護保険	第2号被保険者	第1号被保険者（終身）		
厚生年金	70歳の誕生日前日まで			
国民年金	60歳まで	任意加入		
雇用保険	要件を満たせば上限なく加入			

10秒チェック！

定年後、会社に属するか属さないかで保険の負担は大きく変わります。働く予定がない場合やフリーランスとして働くときは、保険料の自己負担が少なくなるよう検討しましょう。

振り返りポイント

制度　　お金　　保険　退職

071 ①分 minute

条件によって
保険料が
変わるので
注意しなきゃね

任意継続したほうが保険料はおトク？

　退職後の健康保険は、家族の被扶養者になる以外は**任意継続か国民健康保険か**いずれかを選択することになります。その際、**決め手となるのは保険料**。１年目は任意継続のほうが保険料を低く抑えられる傾向にありますが、ひとつ注意しておきたいことがあります。それは、退職前まで協会けんぽではなく、**健康保険組合の被保険者**であった場合。2022年１月から法律が改正され、任意継続の保険料が健康保険組合の規約によって算定方法を決められることになりました。従来は「資格喪失時の標準報酬月額」または「全被保険者の平均の標準報酬月額」の**いずれか低い額に保険料率を乗じた額**とされていました。しかし現在は、健康保険組合の規約に定めるところにより、資格喪失時の標準報酬月額が「全被保険者の平均の標準報酬月額」より**高い場合であっても、「資格喪失時の標準報酬月額」に基づいて保険料額を決めることが可能**になりました。**給与が高い人**は算定方法を必ず確認しておきましょう。

　たとえば、Ａという健康保険組合で資格喪失時の標準報酬月額が68万円（年収816万と仮定）の場合、健康保険料と介護保険料あわせて**月７万1,400円**かかります。**国民健康保険**（渋谷区、無職の妻と２人世帯）の場合は**月６万8,800円**となり、国民健康保険のほうが低くなります。

任意継続保険料と国民健康保険料を比較して賢く選択を

● 任意継続は2年を待たずに脱退可能に

　以前は任意継続をすると本人の希望で資格喪失することができませんでした。しかし現在では、以下の7.が加わり、希望するタイミングで喪失できるようになりました。

<table>
<tr><td rowspan="7">任意継続被保険者の資格喪失理由</td><td>1. 任意継続被保険者となった日から起算して2年を経過したとき</td></tr>
<tr><td>2. 死亡したとき</td></tr>
<tr><td>3. 保険料を納付期日までに納付しなかったとき</td></tr>
<tr><td>4. 再就職などで一般の被保険者となったとき</td></tr>
<tr><td>5. 船員保険の被保険者等となったとき</td></tr>
<tr><td>6. 後期高齢者医療の被保険者等となったとき</td></tr>
<tr><td>7. 退職者本人が任意継続被保険者でなくなることを希望し、その旨を保険者に申し出て受理され、受理された月の末日が到来したとき</td></tr>
</table>

> 保険料を納付期日までに納めるのを忘れた場合も資格を失ってしまいます

● 退職翌年の所得でも検討を

　国民健康保険料は前年（1月〜12月）の所得と世帯の加入者数に応じて算定されるため、退職の翌年に所得が大きく減れば保険料が安くなります。退職1年目に任意継続を選択した場合、2年目は国民健康保険料と比較して、保険料が低いほうに切り替えるのも賢い方法です。

ミニコラム　協会けんぽと組合健保（組合管掌健康保険）

　健康保険には「協会けんぽ」と「組合健保」の2種類があります。「協会けんぽ」とは全国健康保険協会の略称で、多くの中小企業が加入している健康保険です。また「組合健保（組合管掌健康保険）」とは、中規模から大手の企業が主に加入している健康保険です。

　協会けんぽの任意継続の保険料は従来どおりの算定方法となり、資格喪失時の標準報酬月額と被保険者の平均標準報酬月額（30万円）と比べて低い額に保険料率を乗じた額となります。

10秒チェック！

国民健康保険料は、お住まいの市区町村によって異なります。お住まいの自治体で確認し、任意継続保険料と比べてみましょう。

> 振り返りポイント

お金　年金　保険

072 ⏱1分

もらってないぶんは払えないからなぁ……

再雇用で給与が下がったときに保険料を下げるには？

　定年後の再雇用では給与が下がる場合がほとんどです。たとえば、4月から再雇用で給与が3割ダウンする場合、給与から天引きされる社会保険料も下げ幅に応じて低くなるのは当然だと思いますよね？ ところが、ある手続きをしなければ、**給与が高いときに支払っていたのと同じ社会保険料が天引きされてしまいます。**

　社会保険料は毎年4月から6月の平均給与をもとに決定され（「定時決定」）、**9月分から翌年8月分までずっと同じ金額を支払う仕組み**となっています。基本給などが年度の途中に変わり、その月から3か月間の平均標準報酬月額が2等級以上変動する場合は「随時改定」が行われますが、標準報酬月額が変わるのは**変更した月から4か月後**になります。このため、実際の給与と社会保険料にタイムラグが発生してしまいます。

　ところが60歳以後に退職して継続雇用される場合、例外的な取扱いが認められています。**被保険者資格喪失届と資格取得届を同時に年金事務所等へ提出する**ことにより、再雇用された月から給与に応じた標準報酬月額にすることができるのです（「同日得喪」）。その際、1日の空白期間なく再雇用されたことが**客観的に判断できる書類の添付**が必要です。会社の担当者に念のため確認しておくと安心です。

60歳以後で再雇用されるときの特例的な取扱い

● 同日得喪とは?

　健康保険・厚生年金保険の被保険者資格喪失と取得の手続きを同時に行うことで、再雇用された月から再雇用後の給与に応じた標準報酬月額にすることができます。資格喪失日と取得日が同じ日になることから「同日得喪」と呼ばれています。この取り扱いは、2013年3月までは60歳から64歳までの年金を受け取る権利のある人が対象でしたが、2013年4月からは「60歳以上」の人に対象が拡大されました。

【同日得喪のポイント】
- 退職後1日も空くことなく同じ会社に再雇用されていること
- 定年制の定めの有無は関係なく60歳以後に退職した場合が対象
- 正社員に限らず、嘱託社員やパート・アルバイトも対象
- 退職日と再雇用日がわかる書類または事業主の証明が必要

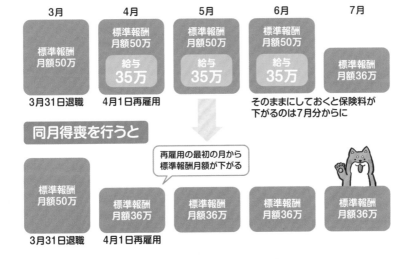

（出所：日本年金機構パンフレットをもとに著者作成）

振り返りポイント

10秒チェック！

再雇用後の労働条件などを話し合う場で、会社に社会保険の取り扱いについてもあらかじめ確認しておくとよいでしょう。キーワードは「同日得喪」です。

制度

年金 保険 退職

073 ①分 minute

年の差婚には注意だね！

配偶者が専業主婦・夫のときに気をつけたいことは？

　会社員など厚生年金保険に加入している被保険者は「第2号被保険者」となり、この第2号被保険者に扶養されている原則年収130万円未満の20歳以上60歳未満の配偶者を「第3号被保険者」と言います。第3号被保険者は国民年金・健康保険料の負担はありません。

　では、働き手である被保険者が定年を迎えたらどうなるでしょうか？ 再雇用で働く第2号被保険者の場合、配偶者も引き続き60歳まで第3号被保険者のままでいられます。ただ、被保険者が65歳になって老齢基礎年金の受給資格を満たすと、配偶者が60歳未満であっても第1号被保険者に切り替える必要が生じます。第2号被保険者の要件は「厚生年金保険または共済組合に加入している人のうち65歳未満の人」及び「65歳以上70歳未満で老齢基礎年金の受給資格を満たしていない人」となっているためです。5歳以上の年の差夫婦はこの点に気をつけましょう。

　一方、定年後、第2号被保険者でなくなった場合、60歳未満の専業主婦・主夫はそれまでの第3号被保険者から第1号被保険者へ種別変更の手続きを行い、国民年金保険料を支払う必要が生じます。手続き漏れや国民年金保険料を未納のまま放置しておくと不慮の事態に障害基礎年金や遺族基礎年金が受給できない場合があるので注意が必要です。

再雇用の有無で専業主婦・夫の保険は変わる

● 公的年金は2階建て

日本の公的年金制度は、20歳以上60歳未満のすべての方が加入する国民年金（基礎年金）と、会社員・公務員の方が加入する厚生年金保険の2階建て構造。

会社員・公務員の方は、
2つの年金制度に
加入している

2階部分		厚生年金	
	国民年金（基礎年金）		
1階部分	第1号被保険者 20歳以上60歳未満の農業者、自営業者、学生、無職の人など	第2号被保険者 会社員・公務員など	第3号被保険者 第2号被保険者に扶養されていて、年収130万円未満の20歳以上60歳未満の配偶者

● 退職後の年金（第2号被保険者でなくなる場合）

退職
60歳

切替え手続きを忘れずに！
手続きはお住まいの市区町村で
退職日の翌日から14日以内

本人	会社員・公務員等 （第2号被保険者）	
配偶者 （専業主婦・夫）	被扶養者 （第3号被保険者）	国民年金加入 （第1号被保険者）

切替
（種別変更）

60歳

振り返り
ポイント

10秒チェック！

扶養する配偶者がいる場合、退職にともなって必要となる手続きを確認しておきましょう。

制度　　　　年金　　保険

074 ①分minute

第二の人生、
生き方も働き方も
それぞれだね

短時間で働いても
社会保険に入れる人とは？

　老齢年金をもらい始めるまでは、フルタイムで働こうと考える人は多いかもしれません。一方、経済的に困ることがなければ、**短時間で働く選択肢**も考えられます。

　会社等に雇用されて柔軟に働き方を見直すときは、**社会保険（健康保険・年金）の加入要件**についても確認しておきたいところです。被保険者として加入し続けることで保険料がかかることをデメリットと感じる方もいるようですが、たとえば、病気でしばらく働けない場合は、**健康保険から「傷病手当金」を請求**することができます。また、年金面では加入期間を延ばすことで**老後の年金額を増やすことができる**のです。万一のことがあった場合、**障害厚生年金や遺族厚生年金の保障がプラス**されます。

　短時間で社会保険に加入するには、①１週間の所定労働時間が20時間以上、②給与月額８万8,000円以上、③継続して２か月を超えて雇用される見込みがある、④学生でない、の要件を満たさなければなりません（被保険者の総数が常時100人超の事業所。2024年10月以降は50人超に拡大）。厚生年金保険は**70歳に達するまで加入**することができます。65歳以降、年金を受給しながら厚生年金の被保険者として働く場合、**加入実績に応じて毎年１回年金が増額される仕組み**（在職定時改定制度）もあります。

短時間労働でも保険でサポート

● 短時間労働者として社会保険の被保険者となる人

以下のすべてにチェックが入った方が対象です

check
☐ 週の所定労働時間が
20時間以上

check
☐ 月額賃金が
8.8万円以上

check
☐ **2か月を超える**
雇用の見込みがある

check
☐ **学生ではない**
※休学中や夜間学生は加入対象となります。

(注) 被保険者数が常時100人超の事業所。2024年10月以降は50人超の事業所が対象。ただし、50人以下でも「任意特定適用事業所」として短時間労働者が社会保険に加入するケースも。
(出所：社会保険適用拡大ガイドブック／厚生労働省・日本年金機構)

● 短時間でも社会保険に入るメリット

月額20万円で勤務した場合、
1年加入で報酬比例部分は年額約1万3,000円、
5年加入で年額約6万5,000円増額に!

• 年金のメリット：3つの保障が充実

老齢年金　受給資格期間を満たした方で、65歳以上の方が受け取ることができる年金です。

障害年金　病気やけがなどで障害状態と認定された場合に支給される年金です。2階建てに加えて保障の範囲も広がります。

遺族年金　被保険者が亡くなったときに、残された遺族に対して支給される年金です。

• 健康保険のメリット

傷病手当金　病気やけがで休職期間中、給与の2/3相当を支給

• 保険料のメリット

扶養する配偶者がいる場合、保険・年金保険料の負担がなくなります。

(出所：社会保険適用拡大ガイドブック／厚生労働省・日本年金機構)

10秒チェック！

定年後は新たな労働契約を結ぶことになり、働き方は個人ごとに変わります。高齢になるほど短時間で働く傾向に。社会保険の加入も検討しておきましょう。

振り返り
ポイント

171

制度 保険

075 ①分 minute

雇用保険は 入ったほうがおトクなの？

そこがポイント

定年後でも雇用保険は役に立つから加入すべきです！

　60歳以降も会社に勤務する場合、「雇用保険」に入っておくことでさまざまなメリットが受けられます。別名「失業保険」とも言われますが、雇用保険は失業して収入を失ったときに給付が受けられるばかりではありません。介護などで**働き続けることが困難となった場合や職業能力をアップするために教育訓練を受ける場合**などにも必要な給付を行っています。また、60歳到達時の給与と比べて、それ以降65歳に達するまでの間に給与が75％未満に下がった場合に「高年齢雇用継続給付金」の制度もあります。少ない保険料の負担でさまざまな給付が受けられる雇用保険は、**労働者にとってメリットが大きい公的保険のひとつ**と言えます。

　雇用保険の適用要件は、**①1週間の所定労働時間が20時間以上であること、②31日以上の雇用見込みがあること**、のいずれも満たすことが必要です。加入手続きは会社が行い、本人負担分の雇用保険料は給与から天引きされて納付されます。加入している人には手続後に会社から「雇用保険被保険者証」が渡されるので大事に保管しておきましょう。適正に自分の手続きが行われているか不安なときは、会社に問い合わせてみるかハローワークで記録の照会を行うことも可能です。マイナンバーカードをお持ちの方はマイナポータルで確認できます。

さまざまな機能がある雇用保険

● 雇用保険の適用要件

少ない保険料の負担で
さまざまな給付が受けられる
雇用保険に加入しておきましょう！

以下の（1）（2）いずれも満たすこと。
（1）1週間の所定労働時間が20時間以上であること
（2）31日以上の雇用見込みがあること
※昼間学生や国、都道府県、市町村等に雇用される者等は適用除外

● 雇用保険制度の概要

雇用保険は、雇用に関する総合的機能を持っている公的な制度です。

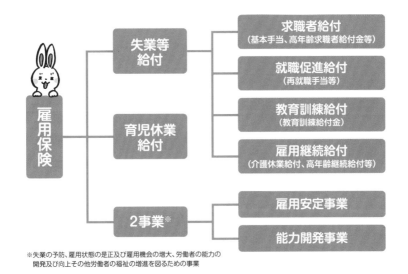

※失業の予防、雇用状態の是正及び雇用機会の増大、労働者の能力の
開発及び向上その他労働者の福祉の増進を図るための事業

（出所：ハローワークインターネットサービスホームページ「雇用保険制度の概要」より筆者作成）

10秒チェック！

振り返り
ポイント

雇用保険の場合、社会保険とは違って加入の上限年齢は
設けられていません。適用要件を満たさない場合でも
65歳以上はマルチジョブホルダー（次項）をチェックし
てください。

制度 仕事 お金   保険

076 ①分
minute

複数の会社に嘱託で働いている人は要チェック！

マルチジョブホルダー制度ってなに？

　雇用保険制度では、主たる事業所での労働条件が週所定労働時間20時間以上かつ31日以上の雇用見込みがある場合に適用されます。これに対し、**複数の事業所で勤務する65歳以上の労働者**は、一定の要件を満たす場合、**特例的に雇用保険の被保険者（マルチ高年齢被保険者）になる**ことができます。これを「雇用保険マルチジョブホルダー制度」といいます。要件は2つの事業所の労働時間を**合計して1週間の所定労働時間が20時間以上**であることです。

　従来の雇用保険では会社が手続きを行いますが、マルチジョブホルダー制度の場合は**本人から住所を管轄するハローワークに申出を行う**必要があります。申出を行った日からマルチ高年齢被保険者になり、加入後は通常の被保険者と同様に、任意脱退はできません。そして別の事業所で雇用された場合も、要件を満たさなくなった場合を除き、加入する事業所を任意で切り替えることができません。

　マルチ高年齢被保険者が**1つの事業所で失業**した場合、離職の日以前1年間に、被保険者期間が通算して6か月以上あれば「**高年齢求職者給付金**」を一時金で受給することができます。給付額は、「基本手当日額」の30日分または50日分です。

複数の会社で働いても雇用保険に加入できる!

● マルチジョブホルダー制度の適用対象者

以下のすべての要件を満たす場合に、被保険者（マルチ高年齢被保険者）になることができます。

1. 複数の事業所に雇用される65歳以上の労働者であること
2. 2つの事業所（1つの事業所における1週間の所定労働時間が5時間以上20時間未満）の労働時間を合計して1週間の所定労働時間が20時間以上であること
3. 2つの事業所のそれぞれの雇用見込みが31日以上であること

● 基本的な手続きの流れ

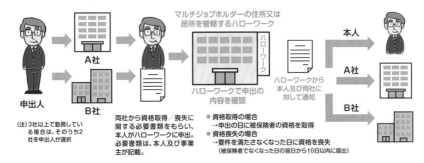

マルチジョブホルダーの住所又は居所を管轄するハローワーク

本人

A社

B社

申出人

(注) 3社以上で勤務している場合は、そのうち2社を申出人が選択

両社から資格取得／喪失に関する必要書類をもらい、本人がハローワークに申出。必要書類は、本人及び事業主が記載。

ハローワークで申出の内容を確認

ハローワークから本人及び両社に対して通知

● 資格取得の場合
　→申出の日に被保険者の資格を取得
● 資格喪失の場合
　→要件を満たさなくなった日に資格を喪失
　（被保険者でなくなった日の翌日から10日以内に届出）

（出所：「雇用保険マルチジョブホルダー制度」を新設します 2022年1月1日スタート／厚生労働省パンフレット）

● 失業したときは高年齢求職者給付金の対象に

2つの事業所のうち1つの事業所のみを離職した場合でも受給することができます。その場合、離職していない事業所の賃金は算定に含めません。

被保険者であった期間	1年未満	1年以上
高年齢求職者給付金の日数	30日分	50日分

10秒チェック!

雇用保険マルチジョブホルダー制度は2022年1月からスタートした新しい制度。3つ以上の事業所で雇用されている場合、合算できるのは2つの事業所の労働時間となり、2つを選択して加入手続きをすることになります。

振り返りポイント

仕事　お金　保険

077 ①minute

年を取るほど
やはり注意が
肝心です！

現場仕事をする人ほど
知っておきたい労災保険とは？

　労災保険とは、業務上の事由または通勤による**労働者の負傷・疾病・障害・死亡**に対して労働者やその遺族のために、必要な保険給付を行う国の制度です。労災保険料は、事業主が全額負担してくれます。通勤途中や仕事中、いつけがをするかわかりません。「労働災害発生状況」（令和4年）で死傷者の型を見ると、**第1位の「転倒」に続き、腰痛等の「動作の反動・無理な動作」**、そして**「墜落・転落」**という順になっています。業種別では製造業、建設業、運送業、小売業、社会福祉施設、飲食店等の死傷者数が多い結果に。これらはいずれも**現場仕事**であり、**シニアの求人ニーズが高い業種**ともいえます。

　60歳以上の男女別の労働災害発生率を30代と比較すると、**男性は約2倍、女性は約4倍**となっています。しかも休業見込み期間は、年齢が上がるにしたがって長期間化する傾向に。高齢女性の転倒災害発生率は特に高く、20代と比べて**60代以上は約15倍**と特筆すべき高さです。筋力の弱い**シニア女性ほど注意が必要**と言えます。

　労災保険はすべての労働者が対象です。けがや病気で療養を受ける際の「療養（補償）給付」や休業するときの「休業（補償）給付」など、いざというときは手厚い補償が受けられることを覚えておきましょう。

高齢になるほど高まる労災リスク

● 高齢女性の転倒災害率が特に高い

> 男性の場合、60代以上（平均0.91）は
> 20代平均（0.28）の約3倍

> 女性の場合、60代以上（平均2.35）は
> 20代平均（0.15）の約15倍

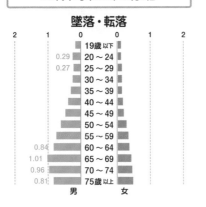

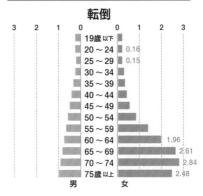

（出所：令和4年 高年齢労働者の労働災害発生状況／厚生労働省）

● 労災保険の主な給付

	内容	給付内容
療養（補償）給付	労災保険指定医療機関等で自己負担なく治療や薬剤の支給が受けられる	現物給付
休業（補償）給付	業務上または通勤による傷病により、療養のために労働することができないために、賃金を受けない日が4日以上になるときに支給	給付基礎日額の60％相当額＋休業特別支給金として同20％
障害（補償）給付	業務または通勤による傷病の治療を受け、治癒したときに、一定の障害が残っていた場合に支給	障害等級により年金または一時金として支給

※療養（補償）給付のように（補償）がつく場合は業務災害

10秒チェック！

60歳以上の高齢者数が全体の18.4％、対して労働災害による60歳以上の割合は28.7％。現場仕事も増えるシニア労働者に労災保険は頼りになります。

振り返りポイント

177

制度　　お金　　保険

078 ①分

定年フリーランスを目指すときは参考に！

変身ー！

フリーランスでも労災保険に入れるの？

　労災保険における「労働者」とは、「職業の種類を問わず、事業に使用される者で、賃金を支払われる者」をいい、労働者であればアルバイトやパートタイマー等の雇用形態は関係ありません。実は**労働者以外**でも一定の要件を満たす場合に任意で労災保険に加入することができます。これを「**特別加入制度**」といいます。

　業務の実態等からみて**労働者に準じて保護することが適当である**と認められる方に一定の要件の下で労災保険に加入できる制度で、範囲は①**中小事業主等**、②**一人親方等**、③**特定作業従事者**、④**海外派遣者**の4種に大別されます。近年は特別加入できる範囲が広がっており、2021年には芸能関係作業従事者、柔道整復師、創業支援等措置に基づき事業を行う者、ITフリーランス等、2022年からはあん摩マッサージ指圧師、はり師、きゅう師、歯科技工士等が新たに加わりました。

　定年後の働き方として気になるのは、**創業支援等措置に基づき事業を行う**場合。高年齢者雇用安定法では、65歳から70歳までの就業確保措置のうち、**業務委託契約を締結する制度の導入や事業主自ら実施する社会貢献事業等の導入**を創業支援等措置として定めています。こうした事業を行う場合は、特別加入を検討してもよいかもしれません。

労災保険の「特別加入」も検討

● 特別加入保険料の算定方法

特別加入保険料 ＝ 保険料算定基礎額※× 労災保険料率

※特別加入を行う人の所得水準に見合った「給付基礎日額」から算定基礎額を出す

例）ITフリーランスで給付基礎日額が2万円の場合
7,300,000円×3/1000＝21,900円（年額）

特別加入保険料は、保険料算定基礎額に
特別加入ごとに定められた
労災保険率を乗じた額となります

特別加入保険料給付基礎日額一覧

給付基礎日額	保険料算定基礎額	給付基礎日額	保険料算定基礎額
25,000円	9,125,000円	10,000円	3,650,000円
24,000円	8,760,000円	9,000円	3,285,000円
22,000円	8,030,000円	8,000円	2,920,000円
20,000円	7,300,000円	7,000円	2,555,000円
18,000円	6,570,000円	6,000円	2,190,000円
16,000円	5,840,000円	5,000円	1,825,000円
14,000円	5,110,000円	4,000円	1,460,000円
12,000円	4,380,000円	3,500円	1,277,500円

● 創業支援等措置に基づく事業の例

特別加入団体から所轄の
労働基準監督署を通じて申請書（変更届）を
都道府県労働局長に提出して特別加入

創業支援等措置に基づき事業を行う高齢者の方

特別加入団体

加入したい団体
への申し込み（各
団体の申込方法
に従って下さい）

所轄の労働基準監督署

労働基準
監督署

申請書または
変更届の提出

都道府県労働局

（出所：令和3年4月1日から労災保険に特別加入できるようになります／厚生労働省パンフレット）

▶◀◀ **10秒チェック！** ▶▶◀

振り返り
ポイント

定年後、フリーランスになる場合や、創業支援等措置に
基づいて事業を行う場合などは、労災保険の特別加入を
検討するのも一案です。

制度　仕事　年金　保険

079 ① 1分 minute

働き先が増える分だけ、複雑になるのね

ダブルワークで働くときの社会保険はどうなるの？

　近年は働き方の多様化によって、副業・兼業などいくつかの仕事を同時にこなす人が増えています。たとえば、本業は週休3日制で働きながらそのほかの日に副業を行ったり、社員として働きながら起業したり……さまざまな働き方が考えられます。このように複数の仕事をする場合、社会保険・雇用保険はどうなるのでしょうか。

　社会保険（健康保険・厚生年金）については、勤務する複数の事業所で適用要件を満たす場合、それぞれの事業所で資格取得手続きを行う必要があります。ただし、複数の事業所で働く場合、主たる事業所を選択して「二以上事業所勤務届」により管轄する年金事務所または保険者等を決める必要があります。一方が会社員、他方がフリーランスの場合、会社員で適用要件を満たす場合は会社の社会保険に加入することとなり、国民健康保険と国民年金に別途手続きを行う必要はありません。

　雇用保険に関しては、二以上勤務の制度がありません。たとえば、A社・B社で適用要件を満たす場合、生計を維持するに必要な主たる賃金を受ける雇用関係のみ雇用保険の被保険者になります。簡単にいえば、給与が高いほうの会社で加入します。ただし、65歳以上の場合は「マルチジョブホルダー制度」によって複数の事業所で加入できることもあります。

ダブルワークにおける社会保険・雇用保険の基本

● 社会保険は二重加入する場合もある

> 社会保険料は、各事業所で支払われる報酬の合計により決定された標準報酬月額を元に算出された保険料を各事業所の報酬で按分して計算される

	A社	B社	
ケース1	短時間社員 適用要件 ◎	アルバイト 適用要件 ×	→ A社のみで 加入
ケース2	嘱託社員 適用要件 ◎	常勤役員 適用要件 ◎	→ A社・B社で 加入

短時間労働者の適用要件とは?

被保険者の総数が常時100人超※の特定適用事業所で働く場合、①1週間の所定労働時間が20時間以上、②給与月額8万8,000円以上、③継続して2か月を超えて雇用される見込みがある、④学生でない、の要件を満たせば短時間労働者として被保険者になる。

※2024年10月以降は50人超の事業所に拡大

● 雇用保険は二重加入ができない

> それぞれの事業所で適用条件を満たすときは、給与が高いほうで加入する

嘱託社員 適用要件 ◎		アルバイト 適用要件 ◎	→ A社で加入

 10秒チェック！

社会保険を複数の事業所で加入するとき「二以上事業所勤務届」を提出するのは被保険者本人。複雑な仕組みといえるので、会社の担当者や年金事務所などに相談しながら進めましょう。

振り返りポイント

社会人向け大学院やビジネススクールでの越境学習も

ビジネスパーソンが所属する組織の枠を越え、まったく環境の異なる外部で新たな学びを得る越境学習。あえて自分の慣れ親しんだ場所から離れ、異なる価値観等に触れることは、多様な視点を養う点においても有用です。

社会人向けの大学・大学院やビジネススクールに通うのも、越境学習の1つといえます。国内のビジネススクールは、アメリカのように卒業資格が即給与や役職に結びつくものではありませんが、ビジネスに対して意欲の高い人たちが集まり切磋琢磨できる場といえます。私自身もビジネススクールに通いMBAを取得しましたが、年齢や立場、経歴を超えてフランクに学び合える貴重な体験ができました。学生は30〜40代のビジネスパーソンが多いものの、50代以降の熱意ある方も学んでいます。

社会人が大学院等に通うメリットとしては、専門性を磨いてキャリアの可能性を広げられることや、これまでの社会人経験と大学院等で得た知識を生かして研究ができること、また世代や立場を超えた新しい人脈が築けることなど挙げられます。

MBAのプログラムでは、座学と違ってアクティブラーニング形式で進められるため、専門性を高めることに加えてコミュニケーション能力やリーダーシップ、プレゼンテーションスキルなども鍛えられます。経営・マネジメントの立場でキャリアを広げたい方や専門性を高めて独立を目指す方などにとってビジネススクールは1つの選択肢といえるかもしれません。

忙しいビジネスパーソンにとって、仕事と学びの両立も大きな課題です。社会人を対象としたプログラムでは、平日夜間や土日に開講しているコースもあるので、仕事を休職しなくとも卒業することは可能です。時間のやりくりに加えて、大学院やビジネススクールは費用が高いという難点も。専門実践教育訓練給付金を活用できるプログラムもありますので、チェックしてみてはいかがでしょうか。

第7章

1分でわかる！
定年後の働き方と年金

働き方と年金には密接な関係があります。

特に厚生年金保険に加入して働く場合、

給与が高いと減額されてしまうことも!?

いつまで働き、どのタイミングで年金をもらい始めるのがよいかは人それぞれ。

あなたにとってのベストタイミングを考えてみませんか。

080 ①分

自分の年金は
いくらもらえるの？

もらえる年金を把握しておくことが大事ですね！

　年金をいくらもらえるか知る方法は大きく3つあります。ひとつは、毎年誕生月に郵送されてくる「ねんきん定期便」をチェックする方法。50歳未満の方は、これまでの加入実績に応じた年金額が記載されていますが、50歳以上になると現時点での納付状況が60歳まで継続すると想定した受給額が試算されています。

　2つ目は「ねんきんネット」で確認する方法です。利用するには日本年金機構のウェブサイト「ねんきんネット」のページにアクセスして登録します。このとき年金手帳に記載されている基礎年金番号と「ねんきん定期便」に記載された17桁のアクセスキーが必要になります。ねんきんネットの利点は、今後の働き方や老齢年金を受け取る年齢、未納分を今後納付した場合など、自分自身で詳細な試算条件を設定して年金見込額を試算できることです（共済組合の加入期間には試算の制約あり）。

　3つ目は「公的年金シミュレーター」を利用する方法です。最大の特徴は、利用時にID・パスワードの入力が必要なく、簡単に試算できること。「ねんきん定期便」にあるQRコードを使えば試算に必要な情報が自動入力されるため、よりスムーズに操作できます。あくまでも簡易試算ツールなので、より詳しく知りたいときは「ねんきんネット」がおすすめです。

もらえる年金を調べる3つの方法

● 年金見込額を調べる方法

年金事務所で相談することもできます

調べる方法	特徴
ねんきん定期便	毎年誕生月にはがきで届く。35歳、45歳、59歳のみこれまでの加入履歴が記載された詳しい内容の封書が届く。50歳以上は60歳まで現在の納付状況で加入し続けた場合の目安額が記載されている。
ねんきんネット	給与や働く期間など、自由に条件を変えて見込額のシミュレーションができる。より具体的に試算したい人向け。試算結果は最大5件まで登録可能。 ※ねんきん定期便が届いてから3か月以上経つとアクセスキーは使えなくなるため、住所などを入力してユーザーIDを取得する必要がある ※マイナンバーカードがあればユーザーIDがなくてもマイナポータルから利用することも可能
公的年金シミュレーター	将来受給可能な年金額を手軽に試算したい人向け。ねんきん定期便に記載されているQRコードを読み込めば自動的に必要な情報が入力される。試算結果は保存されないが、CSV形式で出力する機能あり。

● 「ねんきん定期便」はここをチェック

令和5年度「ねんきん定期便」50歳以上の方（表面）

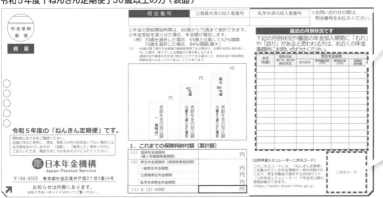

最新の記録に不備がないか確認

公的年金シミュレーターを使うならここを読み込む

◀◀◀ 10秒チェック！ ▶▶▶

年金を調べる方法には「ねんきん定期便」「ねんきんネット」「公的年金シミュレーター」の3つがあります。今後の年金見込額をシミュレーションするのなら「ねんきんネット」を活用しましょう。

振り返りポイント

185

制度 　　お金 　年金 　保険

081

（1分）

国民年金を
満額もらうには？

40年分加入するための方法がいろいろあるわけね！

　国民年金の加入義務期間は、20歳から60歳になるまでの40年間。保険料を**40年間すべて納付すると**65歳から支給される老齢基礎年金を満額もらうことができます。しかし、大学を卒業後すぐに就職したとしても、60歳時点の加入期間は**37～38年**。しかも1991年3月末まで学生は国民年金に任意加入扱いだったため、未加入だった人もいるはず。そうなると**老齢基礎年金が満額もらえなくなってしまいます**。

　そこで60歳で会社を退職する場合、国民年金に「**任意加入**」する方法があります。60歳を超えた時点で加入期間が40年に満たない人は、60歳から65歳になるまでの間、保険料の納付月数が**480か月**（40年）**に達するまで国民年金に任意で加入**することができるのです。

　一方、60歳以降も継続して**厚生年金保険に加入して働く**ことにより年金額を増やすことができます。ただし、老齢基礎年金の加入期間を増やすことはできず、**厚生年金の報酬比例部分が増えます**。なぜなら老齢基礎年金の計算対象になるのは、20歳以上60歳未満の加入期間に限られるからです。そのため60歳以降も引き続き再雇用などで働くと、**未納期間の老齢基礎年金分が厚生年金に加算される仕組み**となっており、これを「**経過的加算**」といいます。

定年後も働き続けて満額を受け取る

● 40年の加入期間を満たさないときにはこんな方法も

●任意加入で受け取る

退職・自営業者等の場合
任意加入、原則65歳まで

⬇

40年間納付すれば満額支給！

●厚生年金から受け取る

再雇用の場合
厚生年金保険に加入して働く

⬇

経過的加算として厚生年金アップ！

● 経過的加算の仕組み

老齢基礎年金の代わりに
厚生年金制度から年金額が加算される
（60歳までに国民年金を40年間納めた方は対象外）

老齢厚生年金（報酬比例部分）
老齢厚生年金（経過的加算額）

厚生年金 就職後から最高70歳まで加入

老齢基礎年金

国民年金 原則20歳から60歳までの40年間加入

ミニコラム **そもそも年金をもらうには？**

　老齢基礎年金は、保険料納付済期間と保険料免除期間などを合算した受給資格期間が10年以上ある場合に、65歳から受け取ることができます。この受給資格期間には、国民年金だけでなく、厚生年金、共済組合の加入期間もすべて含まれます。2017年7月31日までは受給資格期間が25年以上必要でしたが、法律の改正により2017年8月1日から受給資格期間が10年に短縮されました。

　老齢厚生年金は、老齢基礎年金を受け取れる方で厚生年金の加入期間がある場合に、老齢基礎年金に上乗せして65歳から受け取ることができます。

◀◀◀ 10秒チェック！ ▶▶▶

振り返り
ポイント

国民年金の未納期間があっても、「任意加入」すれば老齢基礎年金の満額受給を目指すことができるので検討を。再雇用で働き続ける場合も未納分を「経過的加算」として年金を増やすことができます。

制度　　お金　年金　保険

082　①分 minute

年取ってから稼ぎすぎるのも問題だな……

働きすぎると年金がカット!?
在職老齢年金ってなに？

　60歳以降も働き続けながら厚生年金保険に加入すると同時に、老齢厚生年金を受け取ることができます。これを「在職老齢年金」といいます。ただし、給与（総報酬月額相当額のこと。以下同じ）と老齢厚生年金の基本月額の合計が一定基準を超えると、年金額の一部または全部が支給停止される場合があります。具体的には、給与と年金の合計額が50万円を超えると、超えた金額の半分が年金額より支給停止されます（2024年度）。

　なお、老齢厚生年金に加給年金額が加算されている場合、加給年金額を除いて在職老齢年金を計算します。年金が全額停止になると加入年金をもらうこともできません。在職による支給停止は老齢厚生年金に対して行われるもので、老齢基礎年金は支給停止の対象となりなせん。法律改正により2022年4月以降、65歳未満の在職老齢年金は65歳以上と同じ仕組みで支給停止額が計算されます。

　「在職老齢年金でカットされるくらいなら、厚生年金を繰り下げて受給額を増やそう」と考える方もいるかもしれません。しかし、在職老齢年金によって支給停止されるはずの部分は、いくら年金を繰下げても増額されることはありません。厚生年金保険に加入して働きながら年金を受け取る場合は、基準額を意識して働き方を検討するのもひとつです。

働きながら年金をもらうと減額されることもある

● 在職老齢年金の計算方法とフローチャート

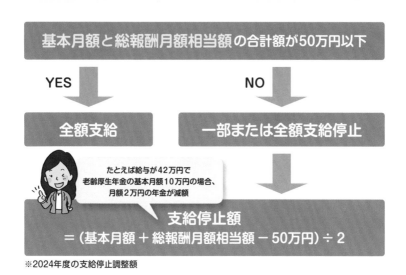

基本月額と総報酬月額相当額の合計額が50万円以下

YES → 全額支給

NO → 一部または全額支給停止

たとえば給与が42万円で老齢厚生年金の基本月額10万円の場合、月額2万円の年金が減額

支給停止額
＝（基本月額 ＋ 総報酬月額相当額 － 50万円）÷ 2

※2024年度の支給停止調整額

- 基本月額：加給年金額を除いた老齢厚生（退職共済）年金（報酬比例部分）の月額
- 総報酬月額相当額：その月の賃金（標準報酬月額）＋ その月以前1年間の賞与（標準賞与額）を12で割った額

ミニコラム **加給年金とは？**

　加給年金とは、厚生年金の被保険者期間が原則20年以上ある人が、65歳到達時点（または定額部分支給開始年齢に到達した時点）で、その人に生計維持されている65歳未満の配偶者または18歳到達年度の末日までの間の子がいるときに加算される年金をいいます。

◀◀◀ 10秒チェック！ ▶▶▶

振り返りポイント

年金が大きくカットされる場合は、業務委託での働き方を提案してみるのもひとつです。稼げるうちはどんどん稼ぐという考え方もありますので、働き方を考えるときにこうした仕組みがあることを参考にしてください。

働く高齢者の
メリットはどんどん
増えているんだね

OK

制度　　お金　年金　保険

083 ①分 minute

働きながら年金が増える「在職定時改定」とは？

　65歳以降も仕事を続けながら厚生年金保険に加入して年金も受給する場合、在職中に年金額が増えるようになりました。これは2022年4月から導入された制度で「在職定時改定」と言います。65歳以降に働いた分が年金に反映されるのは退職後か70歳になったときのいずれかに限られていましたが（2022年3月まで）、この仕組みができたことにより、退職を待たずに早期に年金額へ反映されることに。対象となるのは、65歳以上70歳未満の老齢厚生年金の受給者です。

　具体的には毎年1回、9月1日（基準日）において被保険者である老齢厚生年金の受給者の年金額について、前年9月から当年8月までの被保険者期間を算入し、10月分（12月振込分）の年金から改定されます。たとえば、月収（標準報酬月額）が20万円で1年間勤務した場合、年額1万3,000円程度の増額となります。

　ただし、在職定時改定は給与がかなり高く、在職老齢年金が全額支給停止になっている場合は行われません。また、在職定時改定によって年金が増額したことで、在職老齢年金の仕組みによって年金の一部が減額されてしまうケースもあります。なお、老齢厚生年金の繰下げ待機をしている間は在職定時改定は行われません。

新制度の在職定時改定で働きながら年金アップ

● 在職定時改定の仕組み

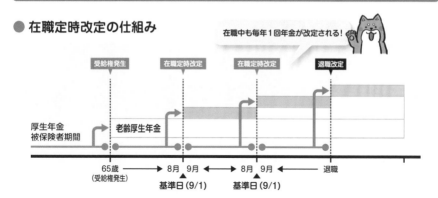

在職中も毎年1回年金が改定される！

（出所：日本年金機構ホームページ）

● 厚生年金保険に加入して働き続ける場合に増える年金額の目安

給与年収	平均報酬月額	60歳以降の加入による厚生年金の増加額（年額）		
		1年加入	5年加入	10年加入
180万円	15万円	9,900円	4万9,300円	9万8,700円
240万円	20万円	1万3,100円	6万5,700円	13万1,500円
300万円	25万円	1万6,400円	8万2,200円	16万4,400円
360万円	30万円	1万9,700円	9万8,700円	19万7,300円
420万円	35万円	2万3,000円	11万5,100円	23万200円
480万円	40万円	2万6,300円	13万1,500円	26万3,000円

ミニコラム 在職老齢年金をもらっている人が退職したら？

　厚生年金に加入しながら老齢厚生年金を受けている70歳未満の人が退職して1か月を経過したときは、退職した翌月分の年金額から見直されます。これを「退職改定」といいます。また、厚生年金に加入しながら老齢厚生年金を受けている70歳未満の人が70歳に到達したときは、70歳に到達した翌月分の年金額から見直されます。

◀◀◀ 10秒チェック！ ▶▶▶

振り返りポイント

高齢期の就労が拡大する中、年金を受給しながら働く人の経済基盤の充実を図ることをねらいとして、在職定時改定が導入されました。65歳以降も働き続ける人には朗報といえるでしょう。

制度　　お金　年金　保険

084

(1分 minute)

異議あり！

年金は早く
もらいたいけど、
リスクが……

年金を繰上げてもらうのは
よく考えたほうがいい？

　老齢基礎年金・老齢厚生年金の受給がスタートするのは、原則として65歳からです。ただし、希望すれば**60歳から75歳までの間の自由なタイミング**で年金をもらい始めることができます。65歳より前にもらい始めることを「**繰上げ受給**」、65歳を過ぎてからもらい始めることを「**繰下げ受給**」と言います。

　再雇用後、生活費を補填するために繰上げ受給を希望する方も多くいらっしゃいます。しかし、繰上げ受給をすると**65歳から受給を1か月早めるごとに年金額が0.4％減額**されてしまいます。しかも一旦選択してしまうと、繰上げ請求を取り消すことはできず、**減額された年金額が一生涯続く**ことに。仮に60歳から年金を受け取り始めると**24％減額**されることになります。

　繰上げ受給をすると、もしものときの**寡婦年金**（夫を亡くした妻に支給される年金）や**障害基礎年金を受け取れなくなるリスク**もあります。65歳前に遺族年金の受給権が発生しても、繰り上げた**老齢基礎年金か遺族年金のどちらかしか受け取れません**（65歳以降は両方の受給が可能）。また、国民年金の任意加入や国民年金保険料の追納もできなくなります。これらを踏まえたうえで、繰上げ受給については慎重に検討しましょう。

繰上げ受給でカットされた年金額は生涯続く

● どのくらい減額される？

減額率 ＝ 0.4％ × 繰上げ請求月から65歳に達する日の前月までの月数

※注：1962年4月1日以前生まれは0.5％

例）65歳から年額60万円の老齢基礎年金を受け取れる人が、63歳0か月で繰り上げる場合（1962年4月2日以降生まれのケース）

0.4％ × 24（月）＝ 9.6％（減額率）→ 年額は約54万2,000円になる！

● 繰上げ受給のイメージ

老齢基礎年金と老齢厚生年金、
どちらかを選ぶことができず同時に繰り上げに！

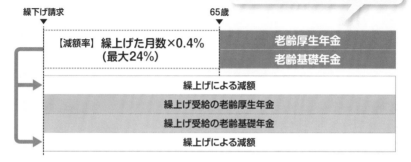

● 繰上げ受給をするときに知っておきたいこと

- 一度繰上げ受給をすると取り消しができず、減額された年金額が生涯続く
- 国民年金に任意加入することや、保険料を追納することができない
- 老齢基礎年金と老齢厚生年金は、セットで同時に繰り上げることになる
- 繰上げ受給後に障害状態になった場合、障害基礎年金が原則受け取れなくなる
- 65歳になるまでは遺族厚生年金と繰り上げた老齢年金を同時に受け取れない
- 寡婦年金が受け取れなくなる

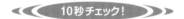
10秒チェック！

振り返り
ポイント

繰上げ受給をすると60歳代前半の収入を補填することができますが、減額された額が一生続くことや一定のリスクも理解したうえで、健康面など含めトータルで判断するようにしましょう。

制度　　お金　年金　保険

085 ①分

長生きできるかどうかは、誰にもわかりません……

年金をもらう時期を遅らせるときに気をつけたいことは？

　年金の支給開始は原則65歳からですが、仕事を続けて毎月給与を得られる場合、年金を**66歳以降に繰り下げる**という選択肢もあります。大きなメリットは、**遅らせる期間が長いほど年金の受給額がアップする**ということ。繰下げ受給による加算額は、繰下げ請求したときの月単位の年齢に応じて決まります。請求を**1か月遅らせるごとに0.7％ずつ増え、最大で84％まで増加**。在職で給与が多い人も、在職老齢年金による支給停止分を除いて繰下げ加算額がつきます。長生きするほど総受給額は増えるのでいいことばかりのようにみえますが、**デメリットがないわけではありません**。

　たとえば、老齢厚生年金に加給年金（配偶者や子どもがいる場合に上乗せされる年金）がつく場合、繰下げ請求しても**加給年金額は増額されず**、繰下げ受給を行うまでの期間、**加給年金は支給されません**。老齢基礎年金に振替加算（配偶者が65歳になると加給年金の代わりに加算される年金）がつく場合も同様です。繰下げ待機中に亡くなる場合、条件を満たすと遺族年金がもらえますが、65歳時点の増額なしの年金額となってしまいます。

　増額をねらって年金を繰り下げても、長生きできなければメリットを活かせません。家計状況や健康状態を考えタイミングを判断しましょう。

繰下げ受給で増えた年金額は生涯続く

● どのくらい増額される?

増額率 = 0.7% × 65歳に達した月から繰下げ申出月の前月までの月数

例) 65歳から年額60万円の老齢基礎年金を受け取れる人が70歳0か月で繰り下げる場合。
0.7×60(月)= 42%(増額率)→年額は85万2,000円になる!

● 繰下げ受給のイメージ

繰下げ受給の申請は、老齢基礎年金・老齢厚生年金
のどちらか一方を選択することも可能

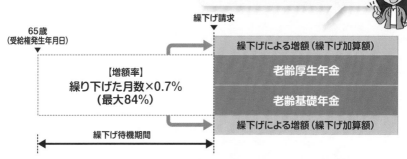

65歳
(受給権発生年月日)

繰下げ請求

[増額率]
繰り下げた月数×0.7%
(最大84%)

繰下げによる増額(繰下げ加算額)

老齢厚生年金

老齢基礎年金

繰下げによる増額(繰下げ加算額)

繰下げ待機期間

● 繰下げ受給をするときに知っておきたいこと

- 増額しても年金額に応じて社会保険料や税金なども増えるので、増額率ほどに手取額が増えるとは限らない
- 長生きできないと総額でみたときにメリットを得られない
- 加給年金や振替加算、特別支給の老齢厚生年金は、繰下げ受給をしても増額しない
- 在職老齢年金によって年金額が減額される部分は、繰り下げても増額の対象外
- 繰下げ中に亡くなった場合、遺族が受け取る遺族年金は65歳からの本来の年金額になる

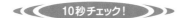

10秒チェック!

繰下げ受給すると最大84%年金がアップしますが、この金額はあくまでも額面上の話。年金額が増えれば、税や社会保険料も増えることも頭に入れておきましょう。

振り返り
ポイント

仕事　お金　年金　保険

086 ⏱1分

何歳まで働いて年金をもらうのがベスト？

早めるか遅らせるかは自分次第、熟考が必要です！

　年金の受給開始は原則65歳ですが、希望すれば60歳から75歳までの間で年金を受け取る時期を自由に選択することができます。そうなると、**いつまで働き、いつから年金をもらい始めるのがベスト**なのか誰もが考えるのではないでしょうか。仮に**60歳で年金をもらい始めると受給率は76％になり、75歳まで遅らせると受給率は184％になります**。繰上げ・繰下げのいずれも、一度年金をもらい始めると、その受給率は生涯そのまま。そうなると、**年金の損益分岐点**が気になるという方もいるでしょう。これは何歳まで生きるかによって変わってきます。

　たとえば、65歳時点で年金額が180万円（月15万円）の場合、70歳まで繰り下げると255万6,000円となり、**81歳11か月以上生きれば65歳時点でもらうよりもお得に**。これは額面ベースなので、税金や社会保険料を考慮すると2歳程度プラスして考えておきたいところです。

　年金の繰上げはデメリットが大きいのであまりおすすめはできません。65歳まで、あるいはそれ以降もマイペースに働き、繰下げ受給を検討してみるのはいかがでしょうか。65歳以降は在職定時改定もあるので、働いて給与を稼ぎながら、受取額を増やす方法もあります。1か月ごとに受給率が増える繰下げ受給は好条件。長い目で考えていきましょう。

年金の損益分岐点を把握する

● 繰上げ・繰下げ受給率と損益分岐点の目安

65歳で年金額180万円の場合

	年齢	受給率	年金額（月額）	損益分岐点 額面ベース
繰上げ	60歳	76.0%	136.8万円（11.4万円）	80歳10か月
	61歳	80.8%	145.4万円（12.1万円）	81歳10か月
	62歳	85.6%	154.1万円（12.8万円）	82歳10か月
	63歳	90.4%	162.7万円（13.5万円）	83歳10か月
	64歳	95.2%	171.4万円（14.2万円）	84歳10か月
	65歳	100.0%	180万円（15万円）	―
繰下げ	66歳	108.4%	195.1万円（16.2万円）	77歳11か月
	67歳	116.8%	210.2万円（17.5万円）	78歳11か月
	68歳	125.2%	225.4万円（18.7万円）	79歳11か月
	69歳	133.6%	240.5万円（20万円）	80歳11か月
	70歳	142.0%	255.6万円（21.3万円）	81歳11か月
	71歳	150.4%	270.7万円（22.5万円）	82歳11か月
	72歳	158.8%	285.8万円（23.8万円）	83歳11か月
	73歳	167.2%	301万円（25万円）	84歳11か月
	74歳	175.6%	316.1万円（26.3万円）	85歳11か月
	75歳	184.0%	331.2万円（27.6万円）	86歳11か月

（注）1962年4月2日以降生まれの繰上げで試算

10秒チェック！

振り返り
ポイント

年金の損益分岐点はあくまでも目安。寿命は誰もわからないからこそ、後悔のないように人生後半の働き方・生き方について個人が真摯に向き合うことが大切です。

制度　　お金　年金　保険

087 ①1分 minute

年金を繰り下げるなら知っておきたいね！

70歳以降の繰下げ待機中にお金が必要になったら？

　2022年4月より年金の繰下げ受給の上限年齢が70歳から引き上げられ、受給開始時期を**75歳まで自由に選択**できるようになりました。これを踏まえ、70歳以降も安心して繰下げ待機を選択することができるよう制度改正が行われました。そもそも年金の繰下げはあらかじめ申し出る必要はなく、何もせずに放っておくと**自動的に繰下げ待機の状態**になります。たとえば、71歳になって繰下げの申出をする場合、本来の年金に加えて65歳から72か月分に加算率（0.7％）を乗じて繰下げ加算額がプラスされます。繰下げ申出をせずに、さかのぼって**本来の年金を一括で受け取ることもできます**。ただし、**年金受給権の時効は5年**なので、71歳の時点では66歳からの5年分しか対象になりません。

　こうした問題を少しでも解消するため、**70歳到達後に繰下げ申出をせず、さかのぼって本来の年金を受け取ることを選択した場合でも、請求の5年前の日に繰下げ申出したものとみなし、増額された年金の5年間分を一括して受け取ることができる**ようになりました。これを「**特例的な繰下げみなし増額制度**」といいます。ただし、80歳に達した日以後や、請求をした日の5年前の日以前に障害年金や遺族年金の受給権者であったときは、このみなし規定は適用されません。

特例的な繰下げみなし増額制度とは

● 特例的な繰下げみなし増額制度の対象者

以下のいずれかに該当する人
（1）1952年4月2日以降生まれの人
（2）老齢基礎・老齢厚生年金の受給権を取得した日が2017年4月1日以降の方
　　（2023年3月31日時点で年金受給権を取得した日から起算して6年を経過していない人）

● 特例的な繰下げみなし増額制度の例

例：71歳まで繰下げ待機し、71歳時点で年金の請求をする場合（本来の年金額：年額180万円）

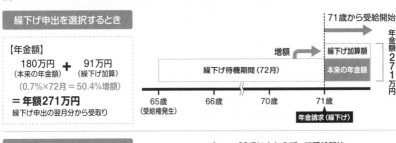

繰下げ申出を選択するとき

【年金額】
180万円（本来の年金）＋91万円（繰下げ加算）
（0.7％×72月＝50.4％増額）
＝**年額271万円**
繰下げ申出の翌月分から受取り

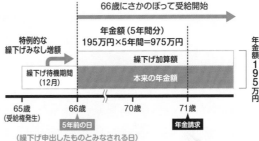

さかのぼって本来の年金を受け取ることを選択するとき

【年金額】
180万円（本来の年金）＋15万円（繰下げ加算）
（0.7％×12月＝8.4％増額）
＝**年額195万円**
請求の5年前の日で繰下げ申出があったものとして5年間分（975万円）をさかのぼって一括受取り

（出所：日本年金機構ホームページ）

一括で受け取る場合、特例的に繰下げ加算額がつくようになった

10秒チェック！

特例的な繰下げみなし増額制度は、繰下げ待機中にまとまったお金が必要になったときに、さかのぼって一括受け取りを選択する場合の特例です。年金受給権の時効は5年のまま変わりません。

振り返りポイント

| 仕事 | お金 | 年金 | 保険 |

088 ①分 minute

たくさん稼げそうなら業務委託がいいかもね！

業務委託契約で働くと年金でメリットもある？

　定年後に再雇用や転職をして雇用契約で働く場合、加入基準を満たしていれば会社で社会保険に加入することになります。一方、会社員を卒業して独立という形を取り、業務委託契約で働く場合、個人で健康保険に加入することになり、在職老齢年金の影響を受けることはありません。60歳以降、**厚生年金保険に加入しながら働く場合、毎月の年金と給与の合計が50万円を超える**と、超えた分の**半額がカット**される仕組みがあります（第7章082参照）。

　しかし、フリーランスや個人事業主として業務委託契約で働く場合、つまり厚生年金に加入せずに働くと、いくら稼いだとしても**年金が減らされることはありません**。しかも、働く時間や場所の拘束も受けず、自分の裁量で自由に働ける点においてもメリットがあります。会社としては、65歳までの雇用確保措置義務があるため、雇用によらない働き方となる業務委託契約で仕事をしてほしいと言い出すことはできません。一方、本人から希望することは何ら問題ありません。特に、60代前半はフルタイムで働こうとすると、年金と給与を合わせて50万円のラインを上回ってしまう人もいるでしょう。定年後の働き方について、**業務委託契約を結んで働くことはできないか、事前に会社に相談する**のもひとつの方法です。

年金の減額を回避する働き方

● 定年後に業務委託契約で働くメリット・デメリット

メリット

これまでのスキルを活かして、
自由に働くことができます！

- 在職老齢年金の対象にならない
- 再雇用や再就職よりも稼げる可能性がある
- 自分のペース（時間・場所等）で働くことができる
- これまでの経験やスキルを活かした仕事を選べる
- 気が乗らない仕事を無理にする必要はない

デメリット

安定志向の方は慎重に検討を。
自分でやることも増えます！

- 収入が安定しない可能性がある
- 厚生年金に加入できず、年金を増やすことができない
- 労働基準法などの適用を受けることができない
- 国民健康保険など自分で加入し納付する必要がある
- 雇用保険に加入できない（労災保険は特別加入の仕組みあり）
- 確定申告事務など自分で行う必要がある

ミニコラム **よく理解したうえで判断を**

　業務委託契約で働く場合、在職老齢年金の対象とはなりません。それは裏を返せば、会社の社会保険に加入しないということです。たとえば、病気になって働けないときの給付金（傷病手当金）などは受けられません。メリット・デメリットをよく理解したうえで、今後の働き方について考えるようにしましょう。

――――◀◀◀ 10秒チェック！ ▶▶▶――――

振り返り
ポイント

ゼロベースで起業するのとは違い、これまで所属していた会社からうまく仕事を業務委託で切り出してもらえるなら、当面の収入見込みは立ちます。会社にとっても業務委託契約という働き方は悪い話ではありません。関心があれば、一度会社に相談してみましょう。

089 ⏱1分

フリーランスで年金を増やすには？

フリーランスでも安心できる制度です！

自営業者やフリーランスなど国民年金第1号被保険者の方が年金を増やすには、国民年金に上乗せされる「**国民年金基金**」に加入する方法があります。対象は20歳以上60歳未満の国民年金に加入している方ですが、60歳以上65歳未満で国民年金に任意加入している方等も対象となります。**掛金の全額が社会保険料控除の対象**となり、受け取る**年金は公的年金等控除の対象**となるため、税制上においても大きなメリットがあります。

私的年金としては「iDeCo」があります。国民年金に任意加入している場合は65歳になるまで加入可能。大きな特徴としては、自分自身で掛金を拠出し、金融機関や商品を選び運用する制度であること。**掛金の全額が所得控除**となり、通常20％以上かかる運用益はすべて非課税。国民年金基金と合わせて最大月68,000円まで掛けることができます。

もっと手軽に年金を増やしたい場合は「**付加年金**」に加入する方法も。付加年金とは**国民年金独自の上乗せ年金**で、毎月の国民年金保険料に400円プラスして納付することで受給可能。受け取れる付加年金額（年額）は「200円×付加保険料納付月数」で計算します。付加年金を**2年以上受け取れば**、支払った金額よりも受け取る金額のほうが多くなります。

フリーランスや自営業者が加入できる制度

● 国民年金に上乗せできる年金の増やし方

名称	iDeCo	国民年金基金	付加年金
受取方法	一時金・年金 一時金＋年金	年金	年金
掛金（月額）	2つ合わせて最大6万8,000円		400円

● 国民年金基金・付加年金に加入できる人

国民年金基金or 付加年金、両方加入できないので注意！

1. 20歳以上60歳未満の国民年金の第1号被保険者の方
   ※国民年金保険料を納付している方
2. 60歳以上65歳未満の方や海外居住者で国民年金に任意加入している方

● 付加年金保険料を5年納納付した場合

2年受給すれば
もとが取れます！

付加年金の年金額 = 200円×付加保険料納付月数

- 納付する保険料 ➡ 400円×60か月＝24,000円
- もらえる付加年金額 ➡ 200円×60か月＝12,000円

ミニコラム 付加年金の手続きはどこで行う？

　付加年金制度を利用する場合、お住まいの市区町村役場の国民年金を担当している窓口もしくは年金事務所で申し出れば手続きができます。付加保険料の納付は、申し込んだ月分から。自宅に届く納付書を使って銀行やコンビニなどで支払うこともできますし、口座振替やクレジットカード払いにも対応しています。

◀◀◀ 10秒チェック！ ▶▶▶

振り返り
ポイント

付加年金で支払った保険料も「社会保険料控除」の対象となり、全額を所得から控除できます。付加年金を2年以上受け取ればもとが取れるので、60歳以降に任意加入する場合に検討してみてもよいでしょう。

| 制度 | 仕事 | お金 | 年金 | 保険 | 退職 |

090 （1分 minute）

特別支給されても、この額じゃまだまだ辞められないよ

65歳前に年金をもらえるなら仕事は辞めてもいい？

　厚生年金はもともと60歳の支給開始でしたが、65歳支給開始へと段階的に引き上げられました。この移行中にもらえる65歳までの年金を「特別支給の老齢厚生年金」といいます。厚生年金の加入期間が1年以上あり、老齢基礎年金の受給資格があれば支給対象です。男性の場合、1961年4月1日までに生まれた人が対象のため、受け取れる人は限定的ですが、女性の場合2030年度に受給開始になる人までが対象で、1964年4月2日～1966年4月1日生まれの人が特別支給の老齢厚生年金の最後の世代です（64歳からの受給）。

　特別支給の老齢厚生年金には定額部分と報酬比例部分がありますが、現在は報酬比例部分のみとなっており、決して十分な額とは言えません。受給額は現役時代の給与と加入期間に比例して増えますが、よほど高給与でない限り多くは期待できません。また、老齢基礎年金を繰上げ受給すれば手取りを増やすことはできますが、一度繰上げ受給してしまうと減額されたままの額が生涯続くので慎重に判断したいものです。

　なお、「高年齢雇用継続基本給付金」を受け取りながら働く場合、特別支給の老齢厚生年金が一部減額されます。たとえ減額されたとしても働いたほうが収入として多くなるため、働き続けるほうがよいでしょう。

特別支給の老齢厚生年金

● 特別支給の老齢厚生年金を受け取れる人とは？

男性	女性	60歳	61歳	62歳	63歳	64歳	65歳
1949年4月2日〜 1953年4月1日生まれ	1954年4月2日〜 1958年4月1日生まれ	報酬比例部分					老齢厚生年金 老齢基礎年金
1953年4月2日〜 1955年4月1日生まれ	1958年4月2日〜 1960年4月1日生まれ		報酬比例部分				老齢厚生年金 老齢基礎年金
1955年4月2日〜 1957年4月1日生まれ	1960年4月2日〜 1962年4月1日生まれ			報酬比例部分			老齢厚生年金 老齢基礎年金
1957年4月2日〜 1959年4月1日生まれ	1962年4月2日〜 1964年4月1日生まれ				報酬比例部分		老齢厚生年金 老齢基礎年金
1959年4月2日〜 1961年4月1日生まれ	1964年4月2日〜 1966年4月1日生まれ					報酬比例部分	老齢厚生年金 老齢基礎年金

（出所：日本年金機構ホームページ）

女性は5年遅れになっています

● 受給要件

- 老齢基礎年金の受給資格期間（10年）があること
- 厚生年金保険等に1年以上加入していたこと
- 生年月日に応じた受給開始年齢に達したこと

><<< 10秒チェック！ >>>

振り返り
ポイント

特別支給の老齢厚生年金がもらえる人は、「ねんきん定期便」に65歳以前の年金と金額が記載されています。「繰下げ制度」がありませんので、受給開始年齢に達したら速やかに請求しましょう。

定年前後に関するコラム

その7

マクロ経済スライドって何?

　年金の話と一緒に「マクロ経済スライド」という言葉を聞いたことはありませんか?

　公的年金の世界でマクロとは、人口の動向や平均余命の変化など社会情勢の変化を指しています。少子高齢化の進展によって、将来の現役世代の負担が大きくなりすぎないよう2004年に年金制度改正が行われました。

　まず、保険料率の上限が決められ、そのうえで長期間の人口や平均余命、経済の見通しから保険料収入を計算し、その中でやりくりできる水準に給付額を調整する方法に見直されました。これを「マクロ経済スライド」といいます。要は、年金給付額の増加を抑える仕組みです。

　この制度は、賃金や物価の上昇に基づく年金給付額の伸びからスライド調整率を差し引いた改定率で実際の支給額が決められます。簡単に言うと、賃金や物価の上昇率よりも少ない額しか給付額は上がらないということです。

　では、物価がマイナスになったらどうなるのでしょう? この場合、スライド調整率は適用されず、マクロ経済スライドは発動されません。また、物価が上昇してもわずかで、スライド調整率よりも低い上昇率しかなかった場合、調整率を完全に適用すれば前年度よりも給付額が減ってしまいます。そのため、名目下限措置が適用され、この場合もマクロ経済スライドの効果はあまり見られません。日本は長らくデフレが続いていたので、マクロ経済スライドが発動されたのは、これまでわずか4度しかありません。

　さらに、名目下限措置を維持したうえで未調整分を翌年度以降に繰り越す仕組み（キャリーオーバー制度）が2016年に導入されました。宝くじのキャリーオーバーと違って、先送りのツケが溜まっている状態です。

　このままマクロ経済スライドを発動せずに、今の受給者への給付額を減らさないということは、保険料収入は決まっているわけですから、将来世代へ大きな影響は避けられません。マクロ経済スライドは、健全な年金制度を維持していくためにも厳格に適用される必要があるものといえます。

206

第8章

1分でわかる！
公的な制度の活用法

障害年金や高額療養費制度、傷病手当金、遺族年金などの
いざというときの対応、職業訓練や教育訓練、
Uターン就職の活動費など次の仕事への手助けなど、
公的な制度は非常に充実しています。
それらを有効に活用するノウハウを解説します。

制度 　 お金 　 年金 　 保険

091 ⏱1分 minute

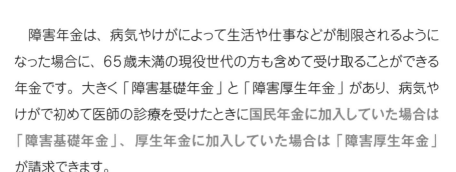

病気やけがは突然やってくるものです！

障害年金は
どんな人がもらえるの？

　障害年金は、病気やけがによって生活や仕事などが制限されるようになった場合に、65歳未満の現役世代の方も含めて受け取ることができる年金です。大きく「障害基礎年金」と「障害厚生年金」があり、病気やけがで初めて医師の診療を受けたときに国民年金に加入していた場合は「障害基礎年金」、厚生年金に加入していた場合は「障害厚生年金」が請求できます。

　障害年金を受け取るには、①初診日において国民年金または厚生年金保険の被保険者であること（60歳以上65歳未満で年金制度に加入していない期間で日本に住んでいる間も対象）、②障害認定日において法令に定められた障害の程度が等級に該当していること、③保険料の納付要件を満たしていること、の要件を満たす必要があります。障害の状態により、障害基礎年金は1級と2級、障害厚生年金は1級から3級まで分かれています。障害厚生年金に該当する状態よりも軽い障害が残ったときは障害手当金（一時金）が受けられます。受給額は障害の程度によって異なり、障害厚生年金の1級・2級に該当する場合、障害基礎年金もあわせて受け取ることができます。障害年金の対象となる病気やけがは、手足の障害などの外部障害のほか、精神障害やがん、糖尿病などの内部障害も対象になります。

いざというときに頼れる年金

● 障害年金を受給するための3要件

1. 初診日において国民年金・厚生年金保険の被保険者であること
2. 障害認定日において障害の程度が等級に該当していること
3. 保険料の納付要件を満たしていること

保険料納付要件

初診日の前日において、次のいずれかの要件を満たしていることが必要です。

① 初診日のある月の前々月までの公的年金の加入期間の3分の2以上の期間について、保険料が納付または免除されていること
② 初診日において65歳未満であり、初診日のある月の前々月までの1年間に保険料の未納がないこと

● 障害年金は2階建て

※年金額は令和6年度の金額

10秒チェック!

障害年金の申請をするには、保険料の納付要件は欠かせません。国民年金に加入している方は、いざというときに備えて納付漏れのないように気をつけましょう。

制度　仕事　お金　　　　　退職

092 ⏱1分 minute

職業訓練は
受けたほうがいい？

人生、
死ぬまで修行だ！

　職業訓練（通称「ハロートレーニング」）とは、再就職、転職、スキルアップに向けて必要な知識や技能を学ぶための公的な職業訓練制度です。主に失業手当を受給している人を対象とした「**公共職業訓練**」と、主に雇用保険に加入していなかった人を対象とした「**求職者支援訓練**」の2種類に大別できます。訓練自体は無料で受講することができ（テキスト代のみ自己負担）、コースも電気設備やビル管理、機械加工、不動産、介護、医療事務など多彩です。なかには、おおむね50歳以上を対象としたコースもあります。**受講するには、訓練の必要性をハローワークが認め、受講あっせんを受けることが必要**です。人気のある訓練コースは応募者が多く、選考で落ちてしまうケースもありますが、最初からあきらめずにハローワークで相談してみましょう。

　公共職業訓練を受けると、訓練が終了するまで失業手当をもらえる期間が延長されます。 自己都合で退職した場合の給付制限も解除に。このほか公共職業訓練を受けることで1日500円（上限2万円）の「受講手当」や自宅から訓練施設までの交通費として「通所手当」（月額上限4万2,500円）が支給されます。求職者支援訓練は一定の支給要件を満たす場合に、月10万円の職業訓練受講手当の支援等が受けられます。

職業訓練を受けるさまざまなメリット

● 職業訓練受講までのステップ

訓練に真面目に取り組み、その結果ちゃんと就職してくれる人を求めています！

STEP 1　ハローワークでの求職申込・職業相談

STEP 2　訓練の受講申込

STEP 3　面接・筆記試験等を受験

STEP 4　合格したら受講をあっせん

STEP 5　受講スタート！

● ハロートレーニングの主な違い

ハロートレーニングは、再就職するために必要となる知識・技能を習得するための訓練です。

名称	公共職業訓練	求職者支援訓練
対象者	ハローワークで求職申込をしており、主に雇用保険を受給する人	ハローワークで求職申込をしている人
主な給付金 ※一定要件を満たす場合	• 失業手当（基本手当）の延長 • 受講手当 • 通所手当	• 職業訓練受講手当 　（月額10万円） • 通所手当

◀◀◀ **10秒チェック！** ▶▶▶

振り返りポイント

職業訓練の受講に年齢制限はありません。シニア層の求人ニーズも踏まえて、受講コースは慎重に検討しましょう。詳しくは住所を管轄するハローワークで確認ください。

制度　仕事　お金　　　　　退職

093 ⏱1分

やっぱり
終の住処は
故郷だぜ！

Uターン転職で活動費がでるってホント？

　定年退職後は、故郷に戻って再就職をするUターン就職を考えている人もいるでしょう。あるいは、地方に移住を希望している人もいるかもしれません。遠距離での就職活動の際に利用したいのが、「広域求職活動費」の制度です。これは、雇用保険の受給資格者が、**ハローワークの紹介によって遠く離れた企業を訪問して面接などの就職活動をした場合に**活動費として支給されるものです。支給を受けるには、雇用保険の受給手続を行っているハローワークから、訪問する求人事業所の所在地を管轄するハローワークの間の往復距離が交通費計算の基礎となる**鉄道等の距離で200キロ以上あるなど、一定の条件があります。支払われる費用には、鉄道賃、船賃、航空賃、車賃のほか、400キロ以上離れている場合は宿泊料が支給されることもあります。**遠く離れた新天地で仕事をしたいと考える方は、こうした制度を活用してみるのもひとつです。

　また、雇用保険の受給資格者がハローワークなどの紹介により職業に就くため、または公共職業訓練等を受講するために住居所を変更する場合に「移転費」が支給されることがあります。通勤・通所時間が往復4時間以上（目安）でハローワークの所長が必要であると認めた場合、鉄道賃、船賃、航空賃、車賃、移転料および着後手当が支給されます。

遠方での転職を考えているときに活用したい制度

● 広域求職活動費の支給要件

以下の条件を満たした場合に支給されます。

① 雇用保険の受給資格者であること
② ハローワークに紹介された求人が、その受給資格者の方に適当と認められる管轄区域外に所在する事業所のもので、その事業所の常用求人であること
③ 雇用保険の受給手続を行っているハローワークから、訪問する求人事業所の所在地を管轄するハローワークの間の距離（往復）が、交通費計算の基礎となる鉄道等の距離で200キロメートル以上あること
④ 雇用保険の待期期間が経過した後に、広域求職活動を開始したこと
⑤ 広域求職活動に要する費用が、訪問先の求人事業所の事業主から支給されないこと 等

● 広域求職活動費には運賃と宿泊料がある

鉄道賃、船賃、航空賃および車賃

雇用保険の受給手続を行っているハローワークの所在地 ← **200km以上** → 訪問する求人事業所の所在地を管轄するハローワークの所在地

通常の経路・方法による運賃

宿泊料について

雇用保険の受給手続を行っているハローワークの所在地 ← **400km以上** → 訪問する求人事業所の所在地を管轄するハローワークの所在地

距離と訪問数に応じた金額

（出所：「広域求職活動費」と「移転費」のご案内／厚生労働省）

◀◀◀ **10秒チェック！** ▶▶▶

振り返りポイント

定年後は故郷に戻って暮らしたいという方や、都会から離れて地方に移住したい方にとっては気になる制度。ハローワークの紹介が条件になるので、まずはどのような求人があるか調べてみてもよいでしょう。

094 ①分 minute

高額な費用を
立て替えなくても
済むのは
助かるね！

OK

医療費が高額になるときはどうしたらいい？

　病気やけがで入院したり、治療が長引いたりすれば医療費も高額になります。そんなときに利用したいのが「高額療養費制度」です。**医療機関や薬局の窓口で支払う医療費が1か月**（1日から末日までの歴月）**で自己負担の上限を超えた場合、その超えた分が高額療養費として戻ってくる仕組み**です。自己負担限度額は年齢や所得状況によって変わりますが、**入院中の食事代や差額ベッド代、先進医療にかかる費用などは対象となりません。**高額療養費として払い戻しを受けた月数が直近12か月間で3回以上あったときは、4か月目から自己負担限度額がさらに引き下げられます（多数該当高額療養費）。

　あらかじめ医療費が高額になることがわかっている場合は、「**限度額適用認定証**」を申請しておくのがおすすめです。窓口で限度額適用認定証を見せれば、**自己負担限度額までの支払いで済む**ので負担が軽減できます。なお、マイナンバーカードを保険証として利用している場合は、限度額適用認定証の提示は不要となり、自己負担限度額までの支払いで済みます。健康保険組合によっては一定額を超えた場合、自動的に医療費を払い戻してくれる付加給付の制度を設けている場合もありますので確認しておきましょう。

● 70歳未満の自己負担限度額

所得区分	自己負担限度額	多数該当
・健保：標準報酬月額83万円以上 ・国保：所得901万円超	252,600円＋（医療費 －842,000円）×1%	140,100円
・健保：標準報酬月額53〜79万円 ・国保：所得600〜901万円	167,400円＋（医療費 －558,000円）×1%	93,000円
・健保：標準報酬月額28〜50万円 ・国保：所得210〜600万円	80,100円＋（医療費 －267,000円）×1%	44,400円
・健保：標準報酬月額26万円以下 ・国保：所得210万円以下	57,600円	44,400円
住民税非課税者	35,400円	24,600円

（出所：高額療養費制度を利用される皆様へ／厚生労働省保険局）

● 70歳以上75歳未満の自己負担限度額

被保険者の所得区分		自己負担限度額	
		外来（個人ごと）	外来・入院（世帯）
①現役並み所得者	標準報酬月額83万円以上／ 所得690万円以上	252,600円＋（医療費－842,000円）×1% （多数該当：140,100円）	
	標準報酬月額53万円以上／ 所得380万円以上	167,400円＋（医療費－558,000円）×1% （多数該当：93,000円）	
	標準報酬月額28万円以上／ 所得145万円以上	80,100円＋（医療費－267,000円）×1% （多数該当：44,400円）	
②一般所得者	標準報酬月額26万円以下／ 所得145万円未満	18,000円 （年14.4万円）	57,600円 （多数該当：44,400円）
③低所得者	住民税非課税世帯	8,000円	24,600円
	住民税非課税世帯 （年金収入80万円以下等）		15,000円

（出所：高額療養費制度を利用される皆様へ／厚生労働省保険局）

10秒チェック！

高額療養費は同一月の自己負担額を受診者、医療機関、通院・入院、医科・歯科ごとに分け、自己負担額が21,000円以上のものは世帯で合算できる仕組みもあります。

振り返りポイント

制度　　お金　　保険

095 ①分 minute

自営業にはない
制度だから、
ちゃんと備えて
おかないと……

病気で働けないときは
どうしたらいい？

　業務外の病気やけがで療養のために仕事を休み、その間給与が支払われない、または給与が減額される場合に活用したいのが「傷病手当金」です。会社の健康保険に加入する被保険者の生活を保障するために設けられた制度で、申請するには、①療養のため労務不能であること、②連続する3日を含み4日以上仕事を休んだこと、③休んだ期間について給与が支給されないこと、の要件があります。療養は医師の指示によるものであれば、入院・通院は問いません。連続3日間の休みを「待期期間」といい、この間は公休日を含めてカウントし、有給休暇を取得していても構いません。また、休業4日目以降は給与の支払いがあっても、傷病手当金の額よりも少ない場合は、その差額が支給されます。

　傷病手当金は、支給を開始してから通算して1年6か月に達するまで支給対象となるので、病気が長引く際も療養に専念できることが大きなメリットといえます。もらえる額は、支給開始日以前1年間の平均給与の3分の2相当額。給与30万円の場合には1か月あたり20万円程度となります。1年6か月経っても治癒しなければ、障害年金を請求できます。なお、退職日までの被保険者期間が継続して1年以上ある場合、一定要件に該当するときは、退職後も引き続き支給を受けることができます。

いざというときの傷病手当金

● 傷病手当金は長期でサポート

待期期間は3日連続している
必要があります（有給休暇でも可）

待期期間　4日目から1年6か月を限度に受けられる　1年6か月

出 休 祝 休 休 休 休 休 〜 休 休 休 ➡

● 傷病手当金の支給要件

1. 療養のため労務不能であること
2. 連続する3日を含み4日以上仕事を休んだこと
3. 休んだ期間について給与が支給されないこと
　（給与があっても傷病手当金よりも少ない場合は差額支給）

健康保険組合による独自の付加給付が
加算される場合もあります

● 1日あたりにもらえる額

支給開始月を含む継続した12か月間の平均標準報酬月額÷30×2/3

平均給与が36万円の人

1日あたり
8,000円

平均給与が26万円の人

1日あたり
5,780円

≪≪ 10秒チェック！ ≫≫

振り返り
ポイント

傷病手当金の平均支給期間は150.32日（約5か月）、
55歳以上の年齢層で支給件数が高くなっています。非
課税で生活支援が受けられるのは、健康保険のメリット
のひとつといえます。

制度　　お金　　保険

096 ⏱1分

エネルギーも満タン！
これで学び直しも
ばっちり大丈夫！

学び直しに
教育訓練給付金は使える？

　人生100年時代、今55歳だとしても、75歳まで働くとしたらあと20年もあります。定年前後で新たなキャリアを手に入れるために学び直しをしたいと考える人もいるでしょう。そうしたときに活用したいのが「**教育訓練給付制度**」です。厚生労働大臣の指定を受けた教育訓練を受講・修了すると、受講費の一部が支給されます。教育訓練給付制度には、内容に応じて「一般教育訓練」「特定一般教育訓練」「専門実践教育訓練」の3種類あり、それぞれ給付率は異なります。たとえば、特定一般教育訓練では、再就職やしやすい高度な資格取得のための講座等があり、**受講費の40％（上限20万円）が助成**されます。

　教育訓練給付制度の利用要件は、受講日時点で在職して雇用保険に加入、または離職後1年以内であることのほか、雇用保険の加入期間が3年以上あること等が必要です。初めて教育訓練給付を受ける場合は、雇用保険の加入期間が1年（専門実践教育訓練は2年）以上あれば対象になります。オンライン講座、夜間や土日に受講できる講座もあるので、働きながら受講することも可能です。教育訓練給付金の支給申請は、お住まいを管轄するハローワークで受付しています。「**教育訓練講座検索システム**」のサイトから指定講座や訓練施設を確認できます。

定年前後の学び直しにも活用できる教育訓練給付金

● 3種類の教育訓練給付制度

種類	給付率	対象講座の例
専門実践教育訓練給付金	最大で受講費の70% 年間上限56万円 （最大4年）	資格取得の講座（介護福祉士、社会福祉士、キャリアコンサルタント等）、専門学校・大学・大学院課程等
特定一般教育訓練給付金	受講費の40% 上限20万円	資格取得の講座（登録販売者試験、ファイナンシャルプランニング技能検定、宅地建物取引士等）
一般教育訓練給付金	受講費の20% 上限10万円	資格取得の講座（簿記検定、建設業経理検定、日本語検定、インテリアコーディネーター試験等）

専門実践・特定一般教育訓練を申請する場合は、
訓練前のキャリアコンサルティングを受講する必要があるので、
事前にハローワークに確認しておくと安心です。

● 給付手続きはハローワーク

専門実践教育訓練	特定一般教育訓練	一般教育訓練

訓練前キャリアコンサルティング
どのハローワーク、キャリア形成・学び直し支援センターでも受けることができます

受給資格確認
受講開始日の1か月前までに、お住まいを管轄するハローワークで行います

講座の受講・修了

支給申請　修了日の翌日から1か月以内に、お住まいを管轄するハローワークで行います

（出所：教育訓練給付制度のご案内／厚生労働省）

10秒チェック！

教育訓練給付金を以前に受けた人でも、前回の受講開始日以降に雇用保険の加入期間が3年以上あれば受けられます。どのような講座があるのか「教育訓練講座検索システム」でチェックしてみましょう。

振り返り
ポイント

お金　年金　保険

097 ⏱1分 minute

男女差があるのは、女性の社会進出が少なかった頃の名残だね

パートナーにもしものことがあったとき年金は？

　厚生年金や国民年金に加入していた人、または受給資格がある人が亡くなったとき、その人によって生計を維持されていた遺族に「遺族年金」が支給されます。国民年金に加入していた人には「遺族基礎年金」がありますが、受け取れるのは「18歳未満の子がいる配偶者」または「18歳未満の子」に限られています。一方、厚生年金に加入していた人の「遺族厚生年金」の遺族の対象は幅広く、生計を維持されていた人のうち、①配偶者と子、②父母、③孫、④祖父母の順で、最も優先順位の高い人が受け取ることができます。気をつけたいのは、配偶者であっても夫と妻では要件が異なること。夫は55歳以上でなければ対象とならず、55歳以上であっても受給開始は原則60歳からとなります。対して妻は年齢要件がありません。夫婦共働きの場合も、生計を同じくしていて本人の年収が850万円未満であれば支給の対象になります。

　遺族基礎年金の年金額は年度ごとに定額となっており、子の人数に応じた加算もあります。遺族厚生年金の年金額は、亡くなった方が受け取る予定だった老齢厚生年金の報酬比例部分の4分の3相当額となります。また、夫を亡くした40歳以上の妻は、一定の要件を満たせば65歳になるまでの間、遺族厚生年金に加えて「中高齢寡婦加算」もあります。

配偶者と死別したときの遺族年金

● 遺族年金の対象者と支給期間

	遺族基礎年金	遺族厚生年金	
受給対象者	• 18歳未満の子がいる配偶者 • 18歳未満の子	優先順位	①子のある妻、子のある55歳以上の夫、子 ②子のない妻、子のない55歳以上の夫 ③55歳以上の父母 ④孫 ⑤55歳以上の祖父母
支給期間	子が18歳になる年度末まで		• 妻は終身（子のない30歳未満の妻は5年） • 55歳以上の夫や父母は60歳から終身 • 子や孫は18歳になる年度末まで

● 遺族基礎年金の金額

子のある配偶者が受け取るとき（2024年度）

1956年4月2日以後生まれ	816,000円 ＋ 子の加算額
1956年4月1日以前生まれ	813,700円 ＋ 子の加算額

※子の加算額：1人～2人目234,800円、3人目以降78,300円

● 遺族厚生年金の金額

死亡した方の老齢厚生年金の報酬比例部分の4分の3

（厚生年金の被保険者期間が300か月未満の場合は、300か月とみなして計算）

夫が亡くなったとき、40歳以上65歳未満で、生計を同じくしている子がいない妻には年額612,000円（中高齢寡婦加算）が加算されます。

10秒チェック！

振り返りポイント

遺族厚生年金は、再婚などしない限り一生涯受け取ることができます。夫と妻では対象となる要件や支給期間が異なるので注意しましょう。

制度　　お金　　保険

098

認知症、脳卒中、衰弱、骨折・転倒が介護の主なきっかけです

介護サービスを受けるには？

　40歳になると介護保険の「第2号被保険者」として給与から介護保険料が天引きされます。ただし40歳以上65歳未満の間は、**老化に伴う特定の病気**（16種類の特定疾病）で要支援・要介護に該当した場合を除き、**介護保険による介護サービスを利用することはできません**。しかし65歳になると「第1号被保険者」となり、**傷病に関係なく要支援・要介護状態になったとき**に各種サービスが受けられるようになります。申請に決まったタイミングはありませんが、**自宅で自力での生活が難しくなったとき**や、**病院を退院後の暮らしに不安を覚えたとき**に申請するケースが多いといえるでしょう。

　介護保険のサービスを利用するには、本人または家族が市区町村の窓口か地域包括支援センターで**要介護認定の申請**を行う必要があります。訪問による聞き取り調査などを経て、要支援または要介護と判定されるとサービスが利用できるように。**要介護度の区分**に応じて、利用できるサービス等が定められています。

　サービスを利用する場合の利用者負担は、介護サービスにかかった費用の1割（一定以上の所得者は2割または3割）です。居宅サービスを利用する場合は、利用できる**支給限度額が要介護度別に定められており**、限度額を超えてサービスを利用した場合は、超えた分が全額自己負担となります。

要介護度別に受けられる介護サービスが異なる

● 要介護度は7段階に分かれている

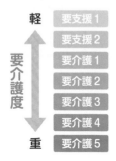

軽	要支援1	日常生活上の基本的動作はほぼ自分で行えるが、多少の支援が必要な状態
↑	要支援2	
要介護度	要介護1	日常生活上の基本的動作についても自分で行うことが困難であり、部分的〜全面的に介護を要する状態
	要介護2	
	要介護3	
↓	要介護4	
重	要介護5	

● 介護にかかる費用はどのくらい?

住宅改造や介護用ベッドの購入費など一時的な費用の合計は平均74万円、月々の費用が平均8.3万円となっています。

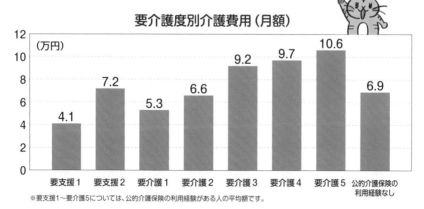

要介護度別介護費用(月額)

（万円）

要支援1	要支援2	要介護1	要介護2	要介護3	要介護4	要介護5	公的介護保険の利用経験なし
4.1	7.2	5.3	6.6	9.2	9.7	10.6	6.9

※要支援1〜要介護5については、公的介護保険の利用経験がある人の平均額です。

（出所：生命保険に関する全国実態調査　2021年度／生命保険文化センター）

◀◀◀ **10秒チェック!** ▶▶▶

介護に関する困りごとは、「地域包括支援センター」が最初の相談窓口としての役割を担っています。お住まいの地域にあるセンターを探しておき、いざというときは相談してみましょう。

振り返りポイント

制度　　お金　　保険

099 ①分 minute

共倒れしないよう
サポートしてくれる
のは嬉しいね

介護で働けないときの
給付金制度とは？

　定年前後は親の介護が必要となるケースが増えてきます。そのうち配偶者など身内の介護も必要となってくるかもしれません。**要介護状態にある家族の介護や仕事と介護の両立ができる体制を整えるために「介護休業」**を取得する場合、一定の要件を満たすと雇用保険から「**介護休業給付金**」の支給を受けることができます。具体的には、雇用保険の被保険者で、介護休業開始日前2年間に賃金支払基礎日数が11日以上ある完全月が12か月以上あれば対象となります。ただし、1か月の支給単位期間に、就業日が10日以下であることが必要です。介護休業給付金の支給対象となる家族について、93日を限度に3回まで申請が可能で、支給額は賃金月額（休業開始時賃金日額×30）の67％です。

　たとえば、月給40万円の方が30日間の介護休業を取得した場合、26万8,000円が介護休業給付金として支給されます。また、高年齢雇用継続給付を受けている場合、支給対象月の初日から末日までの間引き続いて介護休業給付を受けることができるときは、その月の高年齢雇用継続給付を受けることはできません。なお、**介護休業を開始する時点で、介護休業終了後に離職することが予定されている方は支給の対象となりませんのでご注意ください。**

介護休業給付金

● 介護休業給付金の支給対象者

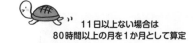

11日以上ない場合は
80時間以上の月を1か月として算定

- 雇用保険の被保険者であること
- 休業開始日前2年間に賃金支払基礎日数が11日以上ある完全月が12か月以上あること
- 支給単位期間の就業日が10日以下であること

※支給対象となる介護休業は2週間以上の常時介護を必要とする対象家族を介護する休業。

配偶者（事実婚含む）、父母、子、配偶者の父母、祖父母、兄弟姉妹、孫

● 介護休業給付金の支給額

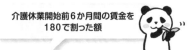

介護休業開始前6か月間の賃金を
180で割った額

介護休業給付金 = 休業開始時賃金日額 × 支給日数 × 67％

● 介護休業給付金の上限額・下限額

賃金月額が50万9,400円を超える場合は、50万9,400円となります。そのため、1支給対象期間あたりの上限額は34万1,298円、下限額は7万9,710円となります（2023年8月1日現在。毎年8月1日に見直しあり）。

ミニコラム 介護休業給付金は就業日以外も支給対象

　介護休業期間中に、土・日曜日や祝日、年末年始などの公休日が含まれている場合、介護休業給付金は支給されるのでしょうか？　就業日しか対象にならないと思われている方もいるようですが、大きな誤解。公休日も支給対象になります。職場復帰日を考えるときは参考にしてください。

◀◀◀ 10秒チェック！ ▶▶▶

振り返り
ポイント

介護休業給付金の手続きは会社が行ってくれます。介護休業を取得する際は、介護休業給付金の申請についてもあわせて相談してみましょう。

制度　　　　年金　　　　退職

100 ①分 minute

退職後の体調不良でも、
原因は退職前にある
可能性は高いので
要注意！

退職前に健康診断を受けておいたほうがいい？

　退職する前に、可能であれば会社の定期健康診断を受けておくことをおすすめします。健康診断の費用を会社が負担してくれるうえ、健康保険組合によっては独自の制度として人間ドック等が無料で受けられたり、補助金が受けられたりと充実している場合があります。そうしたメリットに加え、退職後に思わぬ病気やけがによって障害年金を申請することになった場合、会社で受けた健康診断が関係してくることがあるからです。

　たとえば、会社の健康診断で異常が見つかり再検査の指示を受けたとしましょう。医療機関で再検査を受けたところ病気がかなり進行しており、その後に障害等級に該当して障害年金を申請するようなことがあったとします。すでにその時点で会社を辞めていたとしても、会社で受けた健康診断の日が「初診日」となり得る場合があります。「初診日」とは障害の原因となった病気やけがについて初めて医師の診療を受けた日のこと。検査結果やその後の対応等によって初診日の判断は変わる場合がありますが、もし厚生年金加入中に初診日があると認められて一定要件に該当すれば、すでに退職していたとしても障害厚生年金が受け取れる場合があります。健康診断を受けられないときも、体調面に不安があれば退職前に医療機関で受診しておきましょう。

会社の健康診断を受けられる人・受けられない人

● 健康診断の対象者は？

労働安全衛生法上の健康診断は「常時使用する労働者」を対象としていますが、嘱託社員等として働く場合は労働条件によって異なります。

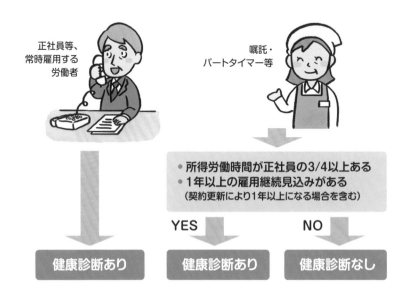

正社員等、常時雇用する労働者

嘱託・パートタイマー等

- 所得労働時間が正社員の3/4以上ある
- 1年以上の雇用継続見込みがある
  （契約更新により1年以上になる場合を含む）

YES　　　　　　NO

健康診断あり　　　健康診断あり　　　健康診断なし

ミニコラム **障害年金の種類**

国民年金・厚生年金に加入中に、初診日のある病気やけががもとで一定以上の障害が残り、保険料の納付要件を満たしているときは、障害年金を受けることができます。初診日に加入していたのが国民年金の場合は「障害基礎年金」、厚生年金なら「障害厚生年金」の対象となります。

◀◀◀ **10秒チェック！** ▶▶▶

振り返りポイント

障害基礎年金と障害厚生年金では保障内容や受給額が大きく違います。退職前に可能であれば健康診断を受けておきましょう。体調が優れないときは、退職前に医療機関を受診しておくことをおすすめします。

【出所一覧】
本文に出所の記載があるもの以外を掲載しております。

001 ● 定年延長の歴史
　　　広報誌『厚生労働』2021年4月号
005 ● 70歳までの就業確保措置とは？（高年齢者就業確保措置）
　　　高年齢者雇用安定法改正の概要／厚生労働省
015 ● ねんきんネット
　　　ねんきんネット／日本年金機構ホームページ
　　　https://www.nenkin.go.jp/n_net/
031 ● 改正のポイント（2024年4月から）
　　　2024年4月から労働条件明示のルールが変わります／厚生労働省
032 ● 無期転換ルールとは？　● 継続雇用の高齢者の特例
　　　無期転換ルールについて／厚生労働省ホームページ
　　　https://www.mhlw.go.jp/stf/newpage_21917.html
037 ● 退職所得控除とは？
　　　No.1420　退職金を受け取ったとき（退職所得）／国税庁ホームページ
　　　https://www.nta.go.jp/taxes/shiraberu/taxanswer/shotoku/1420.htm
040 ● 年次有給休暇の発生要件　● 年次有給休暇の付与日数
　　　リーフレットシリーズ労基法39条／厚生労働省
044 ● 公的年金制度は2階建て
　　　知っておきたい年金のはなし／日本年金機構
　　　● 年金額の例（2023年度67歳以下の場合）
　　　令和5年4月分からの年金額等について／日本年金機構ホームページ
　　　https://www.nenkin.go.jp/oshirase/taisetu/2023/202304/0401.html
049 ● 介護休業の取得例
　　　知っておこう。介護休業制度／厚生労働省
050 ● 介護休業・介護休暇以外の両立支援制度
　　　介護で仕事を辞める前にご相談ください／厚生労働省
053 ● 失業手当の所定給付日数（自己都合、定年退職の場合）
　　　基本手当の所定給付日数／厚生労働省ホームページ
　　　https://www.hellowork.mhlw.go.jp/insurance/insurance_benefitdays.html
　　　● 失業手当の計算式
　　　雇用保険の基本手当（失業給付）を受給される皆さまへ／厚生労働省、都道府県労働局・ハローワーク
054 ● 受給期限は離職日の翌日から1年間
　　　離職された皆様へ＜高年齢求職者給付金のご案内＞／厚生労働省・ハローワーク
055 ● キャリアコンサルティングの流れ
　　　キャリアコンサルティングの流れ／厚生労働省ホームページ
　　　https://www.mhlw.go.jp/stf/seisakunitsuite/bunya/0000198322.html
056 ● 他社を自己の子法人等とする要件
　　　高年齢者雇用安定法Q&A（高年齢者雇用確保措置関係）／厚生労働省ホームページ
　　　https://www.mhlw.go.jp/general/seido/anteikyoku/kourei2/qa/index.html
061 ● 直接雇用と派遣の違い　● 紹介予定派遣とは？
　　　労働者派遣を行う際の主なポイント／厚生労働省
068 ● 健康保険・厚生年金保険はセットで加入
　　　適用事業所と被保険者／日本年金機構ホームページ
　　　https://www.nenkin.go.jp/service/kounen/tekiyo/jigyosho/20150518.html
072 ● 同日得喪とは？
　　　退職後継続再雇用された方の標準報酬月額の決定方法の見直し／厚生労働省・日本年金機構
073 ● 公的年金は2階建て
　　　知っておきたい年金のはなし／日本年金機構
075 ● 雇用保険制度の概要
　　　雇用保険制度の概要／厚生労働省ホームページ
　　　https://www.hellowork.mhlw.go.jp/insurance/insurance_summary.html
078 ● 特別加入保険料の算定方法
　　　特別加入のしおり（特定作業従事者用）／厚生労働省

佐佐木 由美子 （ささき ゆみこ）

社会保険労務士、MBA（経営修士・専門職）。グレース・パートナーズ社労士事務所／グレース・パートナーズ株式会社代表。米国企業日本法人を退職後、社会保険労務士事務所等に勤務。開業後は中小・ベンチャー企業を中心に、多様な働き方のニーズに対応した就業環境づくりをはじめ人事労務・社会保険面から経営と働く人を支援。働き方に関するルールやキャリア、社会保険制度等をテーマに、経済メディアや雑誌など多数執筆。著書に『採用と雇用するときの労務管理と社会保険の手続きがまるごとわかる本』（ソーテック社）、『知らないともらえないお金の話』（実業之日本社）、共著に『35歳までにはぜったい知っておきたい お金のきほん』（アスペクト）がある。女性の経済的自立に貢献したい想いから社会保険労務士となり、働き方支援に取り組む。現在はすべての人が多様で柔軟な働き方ができる社会を目指して活動中。自身のブログで働き方などに関する情報を発信している。

● ブログ「ワークスタイル・ナビ」
　https://www.workstyle-blog.jp/
● X
　@sasakiyumikoGP
● グレース・パートナーズ公式サイト
　https://gracepartners.jp/

【著者の主な書籍一覧】
『採用と雇用するときの労務管理と社会保険の手続きがまるごとわかる本』（佐佐木 由美子著　ソーテック社）
『知らないともらえないお金の話』（佐佐木 由美子著　実業之日本社）
『35歳までにはぜったい知っておきたい お金のきほん』（高山 一恵著　佐佐木 由美子著　アスペクト）

１日１分 読むだけで身につく 定年前後の働き方大全 **100**

2023年12月7日　初版第1刷発行
2024年 7月8日　初版第2刷発行

著者	佐佐木 由美子
編集協力	板倉 義和
装丁・DTP	テラカワ アキヒロ（Design Office TERRA）
イラスト	和全（Studio Wazen）
編集	三田 智朗
発行者	石井 悟
発行所	株式会社 自由国民社
	〒171-0033 東京都豊島区高田3-10-11
	営業部／TEL：03-6233-0781
	編集部／TEL：03-6233-0786
印刷所	大日本印刷株式会社
製本所	新風製本株式会社